디렉터의
노트

계기를 찾는 일곱 가지 습관

디렉터의 노트

초판 1쇄 인쇄 2019년 1월 9일
초판 1쇄 발행 2019년 1월 16일

지은이 한은

책임편집 김소영
홍보기획 문수정
표지 디자인 신묘정
본문 디자인 박영정

펴낸이 최현준·김소영
펴낸곳 빌리버튼
출판등록 제 2016-000166호
주소 서울시 마포구 양화로 15안길 3 201호(윤현빌딩)
전화 02-338-9271 | **팩스** 02-338-9272
메일 contents@billybutton.co.kr

ISBN 979-11-88545-40-7 03190

이 도서의 국립중앙도서관 출판예정도서목록(CIP)은 서지정보유통지원시스템 홈페이지(http://seoji.nl.go.kr)와 국가자료공동목록시스템(http://www.nl.go.kr/kolisnet)에서 이용하실 수 있습니다.(CIP제어번호:CIP2018041952)

내 삶에 몰입하는 시간, 플로우

title.

writer.

디렉터의 노트

: 계기를 찾는 일곱 가지 습관

한은 지음

플로우 FLOW

추천의 글

예전의 나는 여느 학생들과 똑같았다. 콘텐츠를 폼 나게 만드는 기술만 고민했다. 그런 내게 선배님이 보여주신 철학은 두 가지였다. 첫째, 스스로에게 '왜'를 질문할 것. 둘째, 정답은 '더하기'가 아니라 '빼기'에서 찾을 것. 이 책에서 그때의 첫 배움이 느껴진다.

— 이순혁, 콘텐츠 기획자 · 에스에이치디자인 대표

그와 같이 하는 모든 작업에서 참된 태도를 배운다. 끝없는 수집과 열망으로 디렉터의 일을 즐기는 사람. 주어진 일에서 '왜'를 찾고 해결할 줄 아는 사람. 언제나 또 다른 '왜'를 발견하는 사람. 자신이 가는 길에 변화가 뒤 따라 오게끔 설계하는 사람. 그런 디렉터의 노하우가 바로, 이 책이다.

— 이민주, 동영상 제작자 · 보리플레이 대표

디렉터인 나의 은사. 그녀는 제자들에게 마냥 다정한 사람이 아니다. 잘했다는 칭찬도 드물다. 그만큼 냉철하다. 그러나 만나보면 따뜻한 사람임을, 타고난 기획자라는 사실을 알 수 있다. 세상과 사람을 빚어내는 그녀만의 시선 때문이다. 콘텐츠를 풀어가는 안목과 고심이 담긴 책, "디렉터의 노트"가 기대되는 이유다.

— 한순천, 마케터 · 작가

______ 나는 내가 생각이 많은 편이라고 생각했다. 그래서 디자이너가 되고 싶었다. 선생님과 공부하면서 내가 갖게 된 힘은 분명해졌다. 구실 없이 많기만 한 생각들을 정리하는 힘. 생각을 해결책의 뼈대로 발전시키는 힘. 미美와 실용을 만드는 사람으로서 중요하고 근본적인 접근이었다. 나는 현업과 내 인생에서 그 에너지를 매일 느끼며 살고 있다.

— 김미영, 가구 및 소품 디자이너 · 디 어포스트로피 스튜디오 과장

______ 경력단절이라는 불안한 육아의 시간 속에서 선생님을 만났다. 나에겐 기적 같은 일이었다. 선생님으로부터 배운 것을 토대로 자료를 수집하고, 관점을 바꾸려는 노력은 내 생활이 되었다. 새롭게 알게 된 것들은 연결고리를 더 찾고 싶어졌다. 혼자서는 아무것도 못했을 그 시간동안 나를 깨우고 깨워주셨던 분. 덕분에 나는 지금, 나의 시간을 산다. 나의 유일한 스승. 그 분의 기록을 눈으로도 볼 수 있어 기쁘다.

— 성은하, 콘텐츠 디자이너 · 프리랜서

prologue.

나의 보통날을 다르게 만든 이유,

계기

콘텐츠 만드는 일을 하다 보니 늘 새로운 것을 찾았습니다. 익숙한 것은 낡고 재미없다거나 뭐든 낯설어야 특별하다는 제 편견 때문이었겠지요. 그런 오해를 깨게 된 계기가 있었습니다. 기대하지도 않았던 장소에서요.

누구나 놀라거나 긴장할 때 머릿속이 하얘지는 경험을 합니다. 특히 생각하는 일이 직업인 사람에겐 아이디어의 부담이 이런 상태로 오곤 하죠. 마감시간에 맞추려면 일 줄기를 잡아야 하는데, 급한 마음에 허둥댈 뿐입니다. 그 대책 없는 상황을 해결해보려고 주말 이틀 작업실을 벗어났습니다. 당시 박경리 소설

《토지》에 빠져 있던 터라 행선지는 통영. 1년 전 여행에 이어 두 번째 행보였습니다.

흔히 길 못 찾는 사람을 '길치'라고 하지요. 그야말로 저는 프로 길칩니다. 자주 길을 잃어버려요. 그보다 헤맨다는 표현이 더 적절하겠네요. 이렇게 말하면 사람들은 지도를 보라던데요, 그것도 동서남북 방향을 가릴 때나 유용합니다. 서 있는 지점과 방향의 맥락을 이해 못 하는 길치에게 지도는 '미로 찾기 그림'에 불과하거든요.

그 통영행에서도 어김없이 어느 동네를 헤매고 있었습니다. 다른 때와 달리 그날은 생각도 짚어볼 겸, 걷고 싶었어요. 행선지를 급히 찾는 외지인이 아니라 동네 마실 나온 사람처럼요. 여기저기 가게도 기웃대고, 카페에서 차도 마셔가며 걷다보니 길목이 차츰 파악되더군요. 갈림목에선 제법 호기심도 생기고요. 골목은 다른 길로 이어지고, 다시 길이 열리고. 길의 생김새도 빈 듯 찬 듯 제가끔이었어요. 담벼락의 높이, 통로의 간격, 동네 어귀의 냄새, 그늘의 면적이 모두 달랐습니다. 여태껏 여기 있어온 길들이 그날따라 새롭고, 평화로워 보이더군요. 같은 길에서 저의 눈이 달라진 거죠. 그 나들이를 계기로 저에겐 '골목 스케치'라는 취미 하나가 생겼습니다. 지금까지 72개의 동네길이 모였어요. 여느 길에서 새로운 얘깃거리를 발견한 겁니다. 찬찬히 보니 삶을 따라 생겨난 골목들이 아름다웠어요. 나날이 모여 쌓인 형태와 형편, 그것들이 드러내는 세월의 흔적 말입니다.

특별함은 특별한 사람, 특별한 사연, 특별한 시기, 특별한 장소에서만 생기는 기분이 아닙니다. 무엇보다 낯선 감정만으로는 호감을 얻지 못합니다. 모두 아는 얘기에 누구나 바라고, 궁금해하는 것들이 들어 있습니다. 중요한 점은 그것들을 새롭게 발견하는 '계기'입니다. 우리는 계기가 있어 웃고, 웁니다. 멈추고, 생각하고, 떼쓰며, 애쓰게 됩니다. 세상 모든 현상은 어떤 계기 때문에 일어납니다. 현재 자신의 모습도 어떤 계기에서 비롯됐을 거예요. 그래서 계기는 자극이며 연결입니다. 계기로 관점도 달라집니다. 같은 내용을 다르게 보는 시선이 생기거든요. 나날에는 각자의 계기, 뜻밖의 계기가 들어 있습니다. 만약 새로운 것을 찾고 있다면 계기로 눈을 돌려보세요.

우선 계기를 만드는 일이 먼저겠지요. 대단한 비법은 아닙니다만 경험으로 얻은 세 가지 팁이 있습니다. '시간을 다르게 사용하기, 주변 환경을 바꾸기, 다른 사람을 만나기'가 그것입니다. 한번 시도해보시면 어떨까 합니다.

먼저, 시간을 다르게 사용하는 요령입니다. 사람은 습관대로 시간을 씁니다. 그래서 시간을 다르게 사용하는 데는 노력이 필요합니다. 예컨대 사람마다 정해진 일을 하는 시간대가 있습니다. 새벽, 아침, 저녁, 한밤중 가운데 각자 편한 시간이 있지요. 그 작업시간을 바꿔보면 새로운 계기가 생깁니다.

저의 사례를 들자면, 책을 쓰는 동안 새벽 5시에 집 앞 공원을 뛰었습니다. 지금까지는 회사 일을 마치고 밤 9시쯤 피트니스센터로 갔는데요. 익숙한 운동장소와 시간을 바꾼 겁니다. 덕분에 계절을 다르게 감각했어요. 겨울에서 봄으로 또 여름으로 계절들이 알차게 지나가더군요. 자연도 참 열렬히 사는구나, 싶어 찡하던데요. 가장 큰 수확은 좋아하는 꽃이 생겼다는 점. 수국에 홀딱 빠졌어요. 가끔은 공원에 핀 꽃을 꺾어오고 싶다는 생각이 들 정도로요. 수국 파는 꽃가게를 자주 찾기도 했습니다. 관련 자료를 읽다가 우리나라 수국 명소가 제주도라는 사실도 알게 됐어요. 내년 이맘때쯤 제주로 수국을 보러갈 참입니다. 이처럼 시간을 바꾸면 이렇게 다른 경험과 정보를 얻게 됩니다.

또 다른 요령은 환경에 변화를 주는 겁니다. 이를테면 작업 공간을 바꿔보세요. 집이나 작업실 대신 카페, 도서관 혹은 요즘 뜨는 공유(쉐어)공간도 이용해보길 권합니다. 저는 글을 쓰는 기간에 도서관을 자주 갔습니다. 그러다가 도서관에서 하는 독서동아리 모임도 참가했어요. 직업과 나이가 다른 사람들을 만나서 같은 책에 대해 토론하는 시간이 즐겁더군요.

끝으로 세 번째는 계기를 만드는 가장 효과적인 방법입니다. 자신과 다른 분야에 있는 사람을 만나보세요. 세상에는 수많은 직업이 있습니다만, 대부분 자신과 비슷한 세계를 알 뿐이죠. 다양한 분야와 관심사를 가진 사람들을 만나보는 겁니다. 다른 만남을 찾고 만들어보세요. 새로운 정보나 체험은 시야를 넓힐 수 있잖아요. 세상 모든 일을 직접 다 해볼 수는 없으니까 다른 이들의 경험을 배우는 거죠. 그때마다 색다른 콘텐츠가 발견되리라 확신합니다.

지금도 저는 계기를 줍습니다. 새로운 계기를 만드는 덴 여러 가지 현실적인 한계가 있습니다. 사람, 일정, 시간, 거리, 비용의 한계. 그 문제들을 보완하기 위해서 저는, 저를 활용합니다.

제 눈과 코, 귀, 입, 머리의 감각들을 동원해요. 이 책은 평소 제가 어떻게 계기를 찾는지 정리한 글입니다. 관찰하고, 집중하고, 받아들이고, 뒤집어보고, 버리고, 기억하고, 공부하는 일곱 가지 습관들이 들어 있습니다. 여기엔 먼 나라 여행기도, 진기한 체험담도, 하면 다 되는 비법도 없습니다. 아침에 눈뜨고, 일하고, 놀고, 다시 아침을 맞이하면서 만난 사람들과 생각들이 전부입니다. 삶이란 게 보통날의 재료로 채워지잖아요. 그래서 저는 그 안에서 의미 하나씩을 건져보려고요. 매일에 울림이 있다고 믿기 때문입니다.

특별한 것은 특별한 순간에 오는 것이 아니라, 평범한 나날에 있습니다. 매 순간 모든 일이 일어나지만, 발견하지 못할 뿐이지요. 이 책을 보시는 분들은 각자의 보통날을 찐하게 대면하시길 바랍니다. 이 글은 그분들께 드리는 저의 작은 안부이며 인사입니다.

contents.

part 3

모든 것은 연결되어 있습니다

part 4

세상일 한 끗 차이

contents.

part 5

핵심은 버릴수록 분명해집니다

part 6

반복하면 쌓이고, 쌓이면 나아집니다

part 7

본질의 힘은 셉니다

part 1.

찬찬히 보면 보입니다

밤은 소란하다.

한낮을 벗어나면 밤이 얼마나 시끄러운지 알게 된다.

밤은 모든 소리를 걸러내지 않는다.

밤벌레 우는 소리, 바람이 다녀가는 소리, 생명들의 숨소리까지.

힘껏 제몫만큼 살아내고 있음을 소리 낸다.

밤은 살아있는 것들의 사는 소리가 살가워지는 시간이다.

#야밤 홀릭

저기요, 타이밍

비껴가는 타이밍이란,
무언가를 기대하게 만드는 시퀀스.

한 소년이 공원에서 연을 띄우려고 뛰어다녔다.

바람이 불지 않아서, 연은 이내 바닥으로 내려왔다.

소년이 연줄을 잡고 다시 달려보지만, 바람은 여전히 잠잠했다.

아이 엄마가 내일 다시 오자며 소년을 얼렀다.

소년은 애먼 하늘에 눈을 흘겼다.

그렇게 소년의 신바람은 바람을 타지 못하고 다음을 기약했다.

소년의 연이 돌아간 뒤에야, 바람이 불었다. 무트로 불어왔다.

나는 텅 비어버린 공원을 바라보면서 문득 생각했다.

바람이 어긋나던 어느 시간의 나는, 무엇을 기대했을까.

지금의 나는 또 무엇을 기대하고 있을까, 하고.

계기
찾기

전주 출장길, 한 택시기사께서 들려주신 사연입니다. 기사님이 저를 보시더니 당신의 막내딸뻘 되겠다며 말문을 여시더군요. 막내에게 '순리대로 살라'는 말을 자주 하신답니다. 하루는 손님이 없더랍니다. 그러다가 한 남자가 보여서 차를 세우려는데, 뒤에 있던 택시가 그를 가로챘대요. 오전 내내 허탕 쳐서 기분이 언짢던 참에 화가 나셨다고. 10여 분 정도 지나자 손님 한 분이 탔다죠. 가다가 옆을 보니 도로변에 접촉사고가 났더래요. 조금 전 끼어들었던 바로 그 택시. 서두르다가 탈난 거지요. 잠시 뒤, 목적지에 도착했을 때 손님이 '오늘 계약이 성사돼서 기분이 좋다'며 거스름돈을 전부 주더랍니다. 택시요금보다 두 배나 많은 덤이었다더군요. 기사님께서 그러시데요. '상황이 오는 대로 살라'고요. 서두르지 말고 순리대로요. 무엇이든 그렇게 오는 이유가 있는 거라고. 영화 〈벤저민 버튼의 시간은 거꾸로 간다〉에 이런 대사가 나와요. "때론 기회를 놓치는 것이 기회일 수 있다." 우리, 뭔가 놓쳤다고 조바심내지 말기로 해요. 모든 일에는 다 때가 있다고 하잖아요.

감각의 밀도

세상을 소유하는 크기는
각자의 시선만큼이다.

공원을 산책하는 두 여자. 한 사람에게는 봄이 있고 다른 이에겐 없다.

노란모자: 어머 얘, 노을 좀 봐.

파란바지: 뭘, 새삼스럽게. 노을 처음 보니? 맨날 그게 그거지.

노란모자: 요맘때 하늘은 더 곱잖아. 그지?

파란바지: ……. 몰라 얘. 난 아들놈 성적 때문에 골치 아퍼.

노란모자: 얘, 얘, 저기 수국. 어머머, 흐벅지게도 폈다.

파란바지: 나 다리 아퍼. 그만 보고, 빨리 밥 먹으러 가자.

지독한 몸살을 앓고 일어난 어느 겨울아침.

나는 수첩에 이렇게 적었다.

— 매일 하늘을 올려다볼 것.

— 어떤 상황이든 침착할 것.

— 매 순간을 촘촘히 느낄 것.

세상은 내가 보지 않으면 흘러갈 뿐이니까.

계기 찾기

망網은 물고기를 잡으려고 물속에 그물을 넣어 펼쳐두는 것을 말합니다. 관찰자는 그물망을 여기저기 던져둔 '어부'인 셈이죠. 자기 그물망이 있는 어부와 없는 어부. '물 반, 고기 반'을 거두어들일 자, 누굴까요?

한 사람의 숲

사람에게 울 수 있는 숲이 필요하다.

나는 허점이 많은데, 주차장 위치 번호를 안 외우는 악습이 있다.
쇼핑을 마친 그날도 백화점 지하 층층을 뒤지고 다녔다.
겨우 찾은 차로 다가가다가 순간, 멈칫.
울 곳이 없었으려나. 내 옆의 차 안에서 누군가 울고 있었다.
차마 방해할 수가 없어서 나는 주차장을 더 돌아다녀야 했다.

집으로 돌아오면서 이런 생각을 했다.
사랑하는 사람에게 나는, 숲이 되어주어야겠다고 말이다.
살다가 고단한 순간이 오면
내게 와서 탈탈 털어낼 수 있도록 말이다.

상실을 떨칠 만한 나의 숲은 어디인가.

계기 찾기

금요일 밤의 동네 술집이란 으레 이러하죠. 동네에서 나고 자란 이들이 삼삼오오 모여 한 주의 회포를 푸는 전경. 단골집 주인 할머니의 서비스 안주까지 추가되면 취기가 꽤 오릅니다. 얼큰하게 취한 청춘들이 자리에서 일어나면 주인 할머니가 한마디 하시지요. "늦었어. 더 쏘다니지 말고 어여 들어들 가." 팔팔한 저들이 바로 집으로 갈까요? 역시나, 새로 들어갈 가게를 고르고 있습니다. 그 와중에 한 명이 일행과는 다른 길로 틀며 손 흔듭니다. "난 울 엄마한테 갈래." 문득 한 번도 본 적 없는 그녀의 엄마가 궁금해집니다. 청춘이 저토록 아끼는 존재라면 분명 푸근한 분일 겁니다. 언제든 나를 덮어주는 사람이 있다는 거, 그 자체로 기적입니다.

소리의 형태

세상에 뻔한 것은 없다.

영화 음향을 만드는 지인이 흥미로운 얘기를 했다.
지역마다 파도 소리가 다르단다. 사람들 음성이 제각각이듯.
남해는 절벽이 많아서 철썩철썩 부딪히는 소리가 앙칼지고,
서해는 갯벌이 넓게 펴져 있어 파도 소리가 무겁고,
동해는 파도가 모래밭에 스며들어 소리 끝이 흐려진다는 것.

또 눈도 함박눈, 싸락눈 종류 따라 땅에 닿는 소리가 다르다지.
수분 함량이 달라서 사뿐하고 둔한 정도의 차이가 뚜렷하다고 설명했다.
그의 변, 사람은 귀 안엔 유모세포•라는 최고의 스피커가 있다.
그럼에도 뻔한 소리라 여기는 뻔한 생각 때문에 다름을 모른다.

둘러보면 놀라운 세상이다. 생각만은, 부디 뻔해지지 말자.

계기 찾기

일어날 일이 명백할 때를 가리켜 '불 보듯 뻔하다'는 관용구를 씁니다. 살다보면 이런저런 착각을 하게 되지요. 무엇에 관해 이미 안다고 여기는 착각. '그게 그거', '그 소리가 그 소리', '그 맛이 그 맛'이라며 팽개칩니다. 그런데요, 한 번쯤은 내가 아는 게 전부가 아니라고 생각해보세요. 예를 들어 무지개 말이에요. 그 스펙트럼이 교육받은 환경에 따라 다르게 보인다더군요. 한국 사람에겐 '빨, 주, 노, 초, 파, 남, 보' 일곱 색깔이 정설이죠. 그런데 나라마다 조금씩 다릅니다. 미국 등 영어권 사람들은 남색을 제외한 '빨, 주, 노, 초, 파, 보' 여섯 가지로 압니다. 네덜란드어를 쓰는 나라에서는 '빨, 주, 노, 초, 파', 멕시코 원주민 마야족은 '흑, 백, 빨, 노, 파' 순서로 다섯 가지를 듭니다. 이밖에 아프리카 일부 지역에서는 무지개를 두세 가지 색으로 인식한다네요. 뻔한 것도 들어가보면 뻔한 게 아닌 겁니다.

● 청각기관의 감각수용기세포로 정중앙에 있는 감각털. 유모세포는 진동을 초당 5,000번까지 인지함.

비밀 정원

사람들은 각자의 다락방을 품고 산다.

성탄절 술자리엔 엄혹한 시대를 살았던 386 선배들이 있었다.

우리들의 안주는 자연스럽게 그 시절 얘기로 차려졌다.

학생운동 후일담으로 시대의 격변을 회상하던 그들.

그 도저한 감정들이 새벽까지 고여들 무렵, 한 선배가 말했다.

매년 많은 돈을 기부하고 주말마다 봉사하느라 바쁜 사람이다.

"그때 나는, 도서관에 있었어. 공부만이 살길이었거든."

집안 가난을 벗어나고 싶어서 시대에 무감했다는 부채의식.

지금의 나눔은 죄 된 마음에 용서를 구하는 일이라고 했다.

어느 시대를 꺼낸다는것. 누군가에겐 용기가 필요한 일인지도 모른다.

계기 찾기

공간에는 여러 개의 방이 있습니다. 그중 다락방은 물건을 보관하거나 여분의 방bonus room으로 사용되지요. 숨겨진 방이다 보니, 영화나 소설에서는 종종 비밀스러운 의미를 붙이기도 합니다. 예컨대 과거, 역사, 지식, 미스터리, 골동품, 가방, 추억을 불러내는 마법의 공간처럼 말이죠. 사람의 마음에도 여러 개의 방이 있습니다. 모두를 초대하는 방도 있고, 혼자만 들어가는 다락방을 두기도 합니다. 자기만의 경험이나 추억, 상처, 감정이 엉켜 있는 방. 한 사람을 살펴보면 그곳의 비밀이 조금은 헤아려집니다. 우리가 누군가를 안다고 말할 때, 과연 그 사람에 대해 얼마나 알고 있는 걸까요?

각자의 무지개

꿈은 현실보다 달다.

일산의 한 쇼핑몰 거리. 사람들이 몰려들었다.

누구 하나 알려주지 않았는데도 약속한 듯 이곳으로 모였다.

모두의 눈은 도심 건물 사이로 뜬 커다란 무지개를 향해 있었다.

하늘이 맑아지면서 서서히 무지개가 사라져갔다.

“아…….” 사람들의 탄식.

어느 작가의 말처럼 저마다 “온 세상이 무너지듯”[•] 아쉬워했다.

그들은 가슴에 두 손을 모으고

무지개가 사라질 때까지 서 있었다.

뜻밖에 나타난 무지개 아래에서

사람들은 무엇을 기도했을는지.

각자의 인생에도 높고 큰 무지개가 뜨길 바랐을까.

아직 가져보지 못한, 여전히 기다리고 있는 무지개 같은 희망을 말이다.

계기 찾기

태어날 때 사람들은 모두 달랐습니다. 생김새도 말투도 성격도, 무엇보다 각자의 꿈이 달랐지요. 살아가면서 조금씩 세상 기준에 맞춰가고, 무난한 생각에 동조합니다. 심지어 하루를 보내는 방식도 비슷해지고요. 그 속에서도 사람들은 여전히 꿈을 꿉니다. 인생에서 각자의 꿈만큼은 잊지 말고 살아야 하지 않겠습니까. 시간에 쫓기고 쫓겨 자신이 누구인지 생각할 수 없는 채로 흘러간다 해도 말입니다.

● 프랑스 소설가 앙드레 지드의 말. "온 세상이 태어나는 것처럼 일출을 보고 온 세상이 무너지듯 일몰을 보라."

마음이 하는 일

"어떻게 그 많은 시를 외우세요?"
"시는 마음이 외우는 거야."

만남마다 너그럽던 분.

그 어르신 덕분에 내 요일들은 따듯했다.

여담을 풀며 깔깔거리던 날도, 고민의 갈피를 살피던 날도

그녀와 닿는 내 모든 마음에는 해가 떴다.

술잔이 기울면, 나의 '어른벗'은 시 한 자락을 읊었다.

벗을 하늘로 떠나보낸 어느 겨울밤.

광화문 건물에 붙은 시구를 보고 나는, 무너졌다.

그 거리에서 울 곳, 지하도 화장실 맨 끝으로 숨었다.

눌렀던 울음이 산사태처럼 쏟아졌다.

먼데서 바람 불어와 풍경 소리 들리면 보고 싶은 내 마음이 찾아 간 줄 알아라.●

그랬다. 마음이 시를 외우는 거였다.

계기 찾기

수많은 계절을 지나는 동안 누군가와는 멀어졌고, 또 누군가와는 가까워졌습니다. 만남이 오고가는 과정에서 생각했어요. 사람을 얻으려고 욕심내지 말자, 사람을 바꾸려고 공들이지 말자, 사람을 이기려고 싸우지도 말자. 다만, 좋은 사람을 만나면 천천히 살펴보자고. 저의 마음이 그 사람의 좋은 점을 닮아가게 말입니다.

● 정호승, 〈풍경 달다〉 중에서

초심 불변의 공식

최고의 전략은 처음에서 시작하고,
다시 처음에서 출발하는 것.

서울 코엑스몰 레고 매장. 제품들 한가운데 영화 〈스타워즈〉가 재현돼 있었다.

이 모델의 피스는 총 7,541개.

단일 모델로는 역대 최고가(100만 원대)란다.

레고는 어릴 때 누구나 한 번쯤 가지고 놀았던 인기 장난감이다.

승승장구하던 레고사의 위세도 한 때 시류를 이기지 못했다.

1990년대를 지나면서 레고는 컴퓨터 게임의 발전으로 위기를 맞았다.

아이들이 현란한 게임으로 시선을 돌렸기 때문.

어린이만을 바라볼 수 없는 상황에 이른 것이다.

다른 연령층에 먹힐 대안이 필요했다.

관찰 끝에 어른들이 어릴 적 열광했던 베스트셀러와 연결,

그 결과 레고 스타워즈 시리즈가 탄생했다고 한다.

위기의 순간에도 레고 사의 안주인은 출발점인 '아이'였다.

계기 찾기

대한민국 토종 운동화 브랜드 '프로스펙스' 아시지요? 워킹화 시장의 전체 규모를 키운 회사입니다.

"걸을 때는 운동화 대신 워킹화를 신으세요." 이 구호 아래 '워킹화'라는 새로운 키워드를 만들었습니다. 당시 러닝화가 유행했는데, 러닝화 대 워킹화라는 구도를 의도적으로 구분한 겁니다. 달릴 때는 러닝화, 걸을 때는 워킹화. 컨셉은 적중했습니다.

프로스펙스의 '워킹화W'는 출시 4년 만에 누적 판매량이 470만 족을 넘었다죠. 시장에선 10만 족만 팔아도 히트제품이라고 하니 대박을 친 셈입니다.

소비자는 제품의 이미지를 삽니다. 워킹화는 분명히 운동화지

요. 그런데 운동화라고 광고하지 않았어요. 신발 본연의 기능을 관찰했던 겁니다.

쌉싸래한 두 글자

사람이 제 정서를 간단히 숨기는 말,
'그냥'.

워킹맘 자녀가 그렇듯, 내 딸도 주중에는 저녁을 혼자 먹었다.

-엄마, 어디세요?

-작업실.

-언제 오세요?

-무슨 일 있어?

-아니요, 그냥요.

딸이 학교 기숙사로 가면서 퇴근 후의 전경은 내 차지가 됐다.

깜깜한 거실, 딸의 '그냥'이 '그냥'은 아니었음을 절감했다.

그래서 그간의 '그냥'에 각주를 다는 바이다.

↳ '그냥'을 '그냥' 넘겨서 미안하다.

계기 찾기

'그냥'의 사전적 의미 두 가지. 어떤 대가나 조건 또는 이유가 없을 때 쓰는 부사. 아무런 변화 없이 그 상태 그대로를 유지할 때 사용하는 부사. 그냥의 '사적' 의미 두 가지. 길이는 짧지만 여운이 긴 말. 설명은 불충분하지만 감정이 충분한 말. 각각을 합산해서 살펴보면, 그냥은 그냥으로 완전하다는 결론입니다.

도착지, 우리

각자가 하나로 합심하는 서약, 우리.

공원 야외무대. 한 중학교 치어리더팀 리허설이 한창이었다.

"얘, 얘!" 단장의 저지에 단원들이 일제히 동작을 멈췄다.

리더 맏언니가 한 팀원을 가리켰다.

"너만 동작이 튀잖아. 같이 시작하고 같이 끝내야지."

"죄송합니다. 연습한다고 했는데……."

"연습과 리허설의 차이가 뭔 줄 알아?

연습이 혼자 하는 거라면, 리허설은 같이 하는 거야.

옆 사람을 보면서 해야지. 전체가 하나인 것처럼."

나를 버리는 것이 우리다.

계기 찾기

모든 강줄기는 제각각 흘러와서 큰 바다로 모입니다. 망망대해를 벗어나는 강은 없으니까요.

연필에 대한 오마주

고맙다는 말은 아끼지 말기.

쉬는 시간. 어느 손가락 한 개가 내 등판 중간을 꾸욱, 눌렀다.
뒤를 봤다. 그 애의 땡그란 두 눈이 나를 보고 있었다.
"연필 깎아줄까?"
"내 연필이다. 신경 꺼라."
내가 됐다 했는데도, 그 앤 기어이 연필을 가져가서 깎았다.

어느 미술시간, 선생님께서 나무조각가에 대해 얘기하셨다.
나는 쪽지에 이렇게 썼다. "너 나무조각가 해라."
그 애가 읽고서는 히, 하고 웃었다. 그러곤 이랬다.
"연필 깎아줄까?"
처음으로 연필 깎는 그 애 손을 봤다.

연필을 다부지게 잡은 착한 손이었다.

한 학기 내내 나는, 조각된 연필로 숙제하고 낙서했다.

그날 아침은 그 애가 무척 조용했다. 아무 말도 하지 않았다.

2교시 중간쯤. 느닷없이 작별인사를 했고, 전학을 갔다.

하루의 모든 수업이 끝났다. 책상을 정리하려고 필통을 열었다.

연필들이 모조리 깎여 있었다. 와락, 미안했다. 고맙단 말도 못 해서 그랬다.

계기 찾기

참 오래전 얘기네요. 초등학교 3학년 때로 거슬러 갑니다. 같은 반에 잘 안 씻는 남자애가 있었어요. 여자애들은 그 애 곁에 가지 않으려고 했죠. 우리 반은 한 달에 한 번씩 자리를 바꿨는데요, 그 애가 제 뒤에 앉게 됐습니다. 본래, 그 자리는 아니었어요. 한 여자애가 '이 애가 뒤에 있는 게 싫다'며 엉엉 울었거든요. 그 통에 담임선생님께서 곰곰이 생각하시더니, "부반장 뒤로 가" 하시는 거예요. 당시 '어쩌다' 부반장이었던 저의 뒷자리로 그 애가 왔던 겁니다. 재밌는 건 그 애가 1학기 내내 자리를 바꿀 때마다 제 뒤로 왔다는 거예요. 스스로가 지정석을 정했어요. 2학기가 시작되자마자 그 애가 전학을 갔어요. 어느 아침에 그 애 아빠가 학교로 오셔서 데리고 가셨어요. 선생님께서도 당황하셨던 걸로 기억해요. 예정됐던 전학이 아니었던 거죠. 연필 깎기보다 연필을 예쁘게 깎아주던 그 애. 덕분에 저는 '연필' 하면 '고맙다'가 이어지는 사람이 되었습니다.

초등학교 체육시간

'행복,
사람은 그 광채로 산다.

나는 체육시간이 싫었다. 특히 그놈의 달리기 때문에 체육 성적은 늘 꽝이었다.
이 수업을 '합법적으로' 빼먹을 수 있는 수단이 부반장이었다.
그래서 부반장을 했다. 체육 든 날은 무조건 담임선생님 심부름을 도맡았다.

잔꾀돌이 나와는 달리, 우리 반엔 교실 지킴이가 있었다.
이런 연고로 남은 둘. 그 아이가 창가에 서서 하늘을 봤다.
들릴락 말락 중얼거렸다. "가까이에서 구름 보면 좋겠다."
나는 '학교 뒷산 언덕에 내 친구들의 아지트가 있다'고 말했다.
그 애가 '가도 되냐'고 물었다. 내가 '가자'고 했다.

야트막한 언덕배기를 오르는데, 아이의 숨소리가 가빠졌다.
이만큼도 힘든 사람이 있다는 걸 나는 처음, 알았다.
둘은 그늘에 앉았다. 바람이 불어왔다. 나뭇잎 사이로 햇살도 비쳤다.
고개를 한껏 젖힌 채, 눈을 지그시 감던 아이 입에서 새나온 말.
"아, 행복해" 고작, 바람과 햇살뿐인데 아이는 행복하다고 했다.

점점, 아이가 숨차했다.
덜컥, 나는 겁이 났다. 그래도 내색하면 안 된다고 생각했다.
선생님, 선생님을 모셔와야 했다. '잠깐 구름 보고 있어'라고 말했다.
뛰었다. 늘 다니던 곳인데, 넘어졌다. 무릎에서 피가 났다. 상관없었다.
달리기도 못 하는 내가, 제일 빠른 뛰기로 교무실까지 뛰었다.

담임선생님께서 아이를 업고 내려오셨다. 나는 어정쩡하게 서 있기만 했다.
잠시 뒤. 그 아이 엄마가 우리 교실 복도에 계셨다. 혼나겠다고 생각했다.

고개를 숙였다. 그분이 나를 꽉, 꽉 안으셨다. "고맙다. 친구 해 줘서."

집으로 가는 길에 올려다본 하늘. 뭉게구름이 동동 떠가고 있었다. 왈칵, 눈물 두 줄기가 흘렀다. 그 친구가 무사하다는 안도였다.

계기 찾기

백과사전은 뭉게구름을 이렇게 설명합니다. "구름덩어리가 뭉게뭉게 핀 구름을 '뭉게구름'이라고 함. 뭉게구름은 낮은 곳에서 높은 곳으로 수직 상승하는 구름. 맑은 봄날 볼 수 있음." 저는 뭉게구름을 이렇게 기억합니다. "눈 매움 주의. 단, 행복해하는 사람의 얼굴을 볼 수 있음."

관찰하다

대학원 다닐 때 심리학 수업을 좋아했습니다. 심리학개론을 포함해 색채심리학, 공간심리학, 강의 이름에 '심리'가 붙은 과목은 전부 수강했어요. 형편의 내막을 탐구하는 점이 매력 있다고 생각했거든요. 한 담당 교수께서 이런 얘기를 하셨습니다.

"사람의 마음을 알고 싶다면 심리학 수업을 듣는 것보다 소설책을 읽는 게 더 낫다."

당시엔 엉뚱하다고 생각했는데, 어느 시기 그 말씀이 와 닿더군요. 박경리 소설《토지》가 계기였습니다. 총 스물한 권의 장편소설. 큰마음 먹고 첫 장을 펼쳤습니다. 마지막 장을 덮으면서는 이른바, '인생책'이 됐지요. 600여 명의 등장인물, 그 한 명 한 명을 살피는 작가의 시선에는 삶의 혜안이 들어 있었습니다.

이후론 마음에 약이 필요할 때면 《토지》를 꺼내 듭니다. 신기한 건 읽을수록 새롭다는 사실입니다. 저는 책을 읽으면서 궁금하거나 마음 가는 문장에 밑줄을 긋는데요, 이 책은 매번 문장이 추가됩니다. 이미 본 글에서 다른 면이 발견되는 거죠.

종종 '기획을 잘하려면 어떻게 해야 하나요'라는 질문을 받습니다. 그때마다 저는 《토지》의 밑줄 얘기를 합니다. 기획이란 게 꺼내야 하는 일이라서 그럴까요? 사람들은 이 계통 종사자에겐 새것을 만드는 비법이 있을 거라 여기시더군요. 안타깝게도 비책은 없습니다. 다만 유용한 방도는 있지요. 관찰하는 습관, 이것을 권합니다. 관찰은 새로운 것들을 발견하는 계기가 됩니다. 사물이나 현상을 자세히 살펴보는 일이 '관찰'입니다. 그만큼 노력이 필요한 행위지요. 조금만 신경 쓰면 주변에는 관찰에 요긴한 안내서가 많습니다.

첫째로, 영화 포스터를 들 수 있어요. 저는 영화를 보러 가면 극장에 포스터를 꼭 챙겨옵니다. 이 한 장에는 갖가지 시각요소들이 있습니다. 디자인을 공부하거나 현업인 사람들에게 좋은 교재가 됩니다. 포스터는 영화를 요약 정리한 결과물입니다. 누가, 언제, 어디서, 무엇을, 어떻게 할 것인지를 분위기로 설명합니다. 예컨대 애니메이션과 공포영화를 비교해볼까요. 사용하는 색깔이 다르죠. 색은 기분과 연결되는데, 이를 색감이라고 합니다. 대부분의 애니메이션 포스터는 빨강, 주황, 노랑 난색 계열로 발랄한 분위기를 연출합니다. 반면 공포영화는 남색, 검정색 중심으로 어둡고 차갑습니다. 주인공의 이미지를 살펴보는 것도 재밌죠. 캐릭터의 눈빛, 표정, 자세에도 많은 정보가 있거든요. 이밖에 제목을 디자인한 타이포그래픽은 영화 분위기를 담는데요, 이를테면 영화 내용이 빠르게 전개될 경우 디자인에서 속도감을 강조합니다. 영화 포스터를 모아보세요. 각각의 요소를 관찰하다보면 자신만의 안목이 쌓일 겁니다.

둘째는 전시회 리플릿. 작품을 보면서 읽어보시길 권합니다. 예술작품은 디자인 상품과는 다른 순수미술의 영역입니다. 순수미술은 작가의 주관적인 개념이 모태예요. 개인의 생각이 대중을 만나는 접점이 리플릿이지요. 눈여겨봐야 할 점은 발상. 작가의 발상은 추상적인 개념입니다. 이것이 작품으로 어떻게 구체화되는지 그 과정을 확인해보아야 합니다. 생각을 표현하는 사람들에게 리플릿은 설명서로 제격입니다.

셋째는 매장에 있는 상품 소개서입니다. 기업이 자사의 색깔을 어떻게 구축하는지 눈여겨보세요. 브랜드마다 특징을 살리면서도 기업의 대표 이미지가 있습니다. 이것은 고도의 기획과 감각이 있어야만 가능한 일입니다. 큰 기업과 작은 기업을 비교해 보는 것도 좋은 방법이고요. 성공 사례와 실패 사례를 분석하는 것도 유용합니다. 잘 팔리는 데는 그만한 이유가 있습니다. 말할 점을 일관성 있게 보여주는 역량에 초점 맞춰 살펴보세요.

마지막으로, 온라인 서점에 있는 신간 소개 정보를 꼽을 수 있습니다. 서평은 요약하는 방법을 익히기에 좋습니다. 핵심을 간추리는 일에는 내공이 필요합니다. 책을 소개하려면 선택하는 단어와 맥락이 중요하지요. 이것이 제 역할을 해야 구매로 이어집니다. 신간 소개 정보를 보면 글로써 독자에게 다가가야 할 경우, 어떤 전개가 효과적인지 학습하게 될 겁니다.

끝으로 하나 더 보탤게요. 자료는 활용해야 가치가 있습니다. 각자가 모은 것들을 정리하는 시간이 무엇보다 중요합니다. 앞서 저는 책을 읽을 때 밑줄 긋기를 한다고 언급한 바 있습니다. 읽은 다음 밑줄들을 따로 모아 노트북에 정리하는데요, '밑줄노트'라 이름 붙인 과정입니다. 제 노트북에는 '밑줄노트01', '밑줄노트02' 등의 이름으로 된 파일들 저장돼 있습니다. 아이디어가 필요할 때마다 이 파일들을 열어봅니다. 실제로 많은 해답을 여기에서 얻습니다. 물론 인터넷에도 다양한 정보가 있지요. 책, 영화, 그림, 음악 장르 구분 없이 모든 분야가 공유됩니다. 직접 책을 읽지 않아도, 영화를 보지 않고서도 누군가의 감상평으로 내용을 알 수 있습니다만, 이것은 타인의 의견일 뿐입니다. 중요한 건 자신만의 견해와 관점입니다. 다른 사람의 평가를 훑어보지만 말고 자신이 모은 자료를 스스로 살펴보세요.

지금까지 소개한 방법들로 관찰하다보면 의미 있는 계기들이 생길 겁니다. 관찰하는 습관은 가장 쉽게 이기는 패를 쥐는 일이니까요.

part 2.

나를 달리게 하는 원동력

살다보면 사물의 의미 덕분에 미소 지을 때가 있다.

큰 인형 속 작은 인형,

그 안에 더 작은 인형을 품고 있는 마트료시카.

크기대로 들어 있는 목각인형의 의미는

'나를 꼭 안아주세요'란다.

나는 그 뜻을 선물 받고 한참 뒤에야 알았다. 그 순간, 웃었다.

그럴 만한 무언가를 가졌다는 것.

사물의 쓸모란 소소한 행복을 소유하는 경험이다.

#사물의 효용

순식간에, 명작

물 밖으로 고개를 내밀지 않는 시간,
23초.

2017년 10월 22일.

제98회 전국체육대회 수영 남자고등부 자유형 50미터 결승전 결과.

1. 00:23.28

2. 00:23.31

3. 00:23.50

4. 00:23.62

5. 00:23.73

6. 00:23.76

6. 00:23.76

8. 00:23.85

'23초'의 사투. 허투루 쓸 시간이란 없다.

계기 찾기

승부의 세계는 이기적입니다. 무조건 이겨야 하니까요. 수영 자유형 50미터 선수들은 물로 뛰어드는 순간부터 터치패드를 찍을 때까지 고개를 들지 않습니다. 숨을 쉬려고 고개를 드는 찰나에 순위가 바뀌거든요. 그래서 50미터 레인을 한숨에 내달립니다. 경기에 집중하는 그들로부터 삶의 이치 하나를 얻습니다. 참는 법을 알아야 이긴다는 진리 말입니다.

오늘, 지금, 여기

사람은 '오늘'을 산다.
오늘은 '지금, 여기'에 집중할 때 유효하다.

출장 갔다 오는 기차 안. 옆자리 어르신께서 사진을 보여주셨다.

군복을 입은 한 여자였는데 그의 막내딸이란다. 사연은 이랬다.

과거 그는 대기업을 다녔다. 승진밖에 모르던 사람이었단다.

출퇴근 이동시간이 아까워서 회사에서 자고 깻던 워커홀릭.

머리부터 발끝, 뼛속까지 회사형 인간이었다고 했다.

그러던 어느 날 과로로 쓰러졌다.

일어나 보니 며칠이 지나 있었다.

눈 뜨고 처음 본 얼굴이 막내딸이었다.

매일 밤 책을 읽어주더란다.

하루는 그 이유가 궁금해서 딸에게 물었다.

그녀의 대답은 이러했다.

"어릴 때 기도했어요. 오늘은 아빠가 동화책을 읽어줬으면 좋겠다고."

계기 찾기

아주 오랜만에 성당 앞마당에 서 있었어요. 저만치 신부님들의 대화가 들렸습니다. "프란치스코." 사제께서 보좌신부님을 부르시자, 그가 대답합니다. "네. 프란치스코 여기, 있습니다."

식구의 의리

집에는 나를 마중 나오는 식구가 있다.

그날 내 강의 내용은 '하나의 컨셉에 집중하자'였다.
'나의 반려'란 주제로 학생들의 재치 있는 콘텐츠들이 나왔다.
한 남학생 얘기에 웃음바다가 됐다. 얘기 속 주인공은 15년째 동거중인 그의 반려견.
학생 나이가 23살이니까 그의 성장을 쭉 지켜본 할머니 개다.
이 노견, 부모님이나 누나가 밥을 주면 먼저 다가간단다.
그런데 그가 줄 땐 쳐다만 본다. '네가 오라'는 지긋한 훈령이다.
가끔 술냄새라도 풍기면 훈계하듯 한참을 노려본다지.

그런 할미개가 식구를 챙기는 마음은 새벽 세 시까지의 기다림.
노견은 야간 아르바이트에서 돌아오는 그를 현관에서 반긴다.

제일 나이 든 식구가 제일 어린놈의 귀가를 확인하는 것이다.

계기 찾기

간절하게 하루를 보내고 돌아가는 곳, 가식 없이 내가 나로 돌아가는 곳, 집은 그런 곳입니다.

상상의 무늬

애정을 가진 자에게 한계란 없다.

"가야의 음악 담당 관료였던 우륵은 금을 들고 적국인 신라에 투항했다."[•]

패망한 제 나라의 악기를 지킨 사람이 우륵이었다.

가야금의 원래 이름은 '금'.

훗날 우륵이 조국의 이름 '가야'를 붙인 것이다.

패망한 조국의 악기를 지킨 악사를 흠모한 예술가들이 있으니.

그들은 우리 시대의 두 거장, 김훈 작가와 황병기 연주가다.

김훈 작가는《삼국사기》의 몇 줄로 300쪽짜리 소설《현의 노래》를 썼다.

국립국악원 악기박물관[••]의 국악기들을 보면서 그의 삶을 상상했다.

황병기 가야금 연주가의 〈하림성〉도 애정으로 탄생한 곡이다. 연주가는 "밤하늘의 별을 보면서 그의 음악을 상상했다"라고 소회했다.

'상상'은 안간힘 쓴 과거의 예술가를 환대하는 현재의 방식이다.

계기 찾기

고故 앙드레 김 패션디자이너가 '사랑하면 보인다'고 했다죠. 그러고 보면 분야마다 일가를 이룬 사람들은 그 대상을 아꼈습니다. 〈미생〉의 윤태호 작가는 한 강연에서 "우리가 하는 모든 행동이 예술"이라고 말했습니다. 그래서 그는 별자리든 사주든 모든 분야와 일상, 사람에 주목한다고 합니다. 정명화 첼리스트는 휴가 때도 첼로를 가지고 간다지요. 며칠 악기를 잡지 않으면 손끝이 아프기 때문에 매일 연주한다더군요. 그녀는 한 방송에서 이렇게 고백합니다. "첼로는 제 목소리이고, 제 마음입니다.” 아끼면 집중하게 됩니다. 숨처럼 끊임없이, 신앙처럼 아낌없이 말입니다.

• 악사 우륵에 관한 기록은《삼국사기》에 실린 이 다섯 줄의 전문이 전부.

•• 오늘날 연주법이 전승되지 못해서 명맥이 끊긴 전통악기들도 전시되어 있음.

오두 예찬

즐거움이란,
순간마다의 원형에 집중하는 것이다.

웰시코기가 공원나무 아래 낙엽 더미에서 흙 목욕을 하고 있었다. 격.렬.하.게.

팔팔한 기력을 주체 못 한 녀석. 결국 일을 내고 말았다.

견주인 할아버지가 다리에 개의 가슴줄이 감기면서 뒤로 넘어지셨다.

놀라서 달려간 나를 보며 되레, 웃으시는 할아버지.

댁에 연락하시라고 하자, 돌아온 어르신의 대답이 생뚱했다.

"우리 할멈이 알면 오두 쫓겨나요. 평소 오두방정이라고 마뜩잖아 하는데."

생기 찬란한 저놈의 이름, '오두'란다.

잠시 뒤 할머니가 오셨다. 놀라운 건 개의 행실. 세상 얌전한 품새로 앉았다.

집안 서열 1위를 영접하는 오두는 능숙했다.

나는 문득, 저놈 머릿속이 궁금했다.

계기 찾기

"참하지 못한 게 천성인데 그걸 어쩌누, 그지 오두야?" 할아버지는 반려견을 다정하게 쓰다듬으십니다. 부산스러운 개를 꾸중하는 대신, '괜찮다, 괜찮다' 하시네요. '저 살기 즐거우면 그걸로 됐다'나요. 그나저나 할머니께서 개 이름을 지으셨다지요. 개 성격이 오두방정이라 앞 단어 둘을 톡 떼서 '오두'라 붙이셨대요. 오두, 오두. 불러보니 이름까지 즐거운 놈입니다.

하나뿐인 선물

엄마의 모든 에너지가 집중되는 우주,
자식.

정장 차림의 한 엄마가 아기와 손을 잡고 걷고 있었다.

자박자박 걷던 아기가 우뚝, 걸음을 멈췄다.

아기는 메고 있던 어린이집 가방을 바닥에 내려놓았다.

쪼그리고 앉아 가방 안을 뒤적이기 시작했다.

도톰한 몸통이 한참을 옴짝댔다.

잠시 뒤, 납작 접힌 종이를 꺼내 엄마에게 건넸다.

"숫자 1이네?"

"내가 낮잠을 안 잤어. 그거 엄마 해."

아기가 잠을 쫓아냈단다. 그렇게 저축한 1시간을 엄마에게 바쳤다.

아이의 선물 덕분에 저 엄마, 오늘만큼은 '시간 부자' 되시겠다.

계기 찾기

어느 퇴근길, 제 앞으로 한 모녀가 걸어가더군요. 워킹맘과 아기, 저 두 사람은 오늘 아침도 바빴을 겁니다. 이 땅의 워킹맘은 현실의 시간과 아이의 시간을 동시에 살아갑니다. 매일 서두르지요. 두 배로 빨리 움직여야 하니까요. 그런데도 시간은 늘 가뭄입니다. 저 역시 '시간 거지' 중 한 사람이었습니다. 특히, 아기가 어렸을 땐 출근시간마다 '10분만 10분만'을 구걸했어요. 제 얘기를 잠깐 할까요. 스물아홉, 그때의 저는 유학을 준비하고 있었습니다. 오랜 기간 계획했던 터라 기대 반 걱정 반으로 비자를 기다렸어요. 그 와중에 속이 거북했고, 몸은 무겁더군요. 생소한 느낌. 임신이었습니다. 변수였지요. 뱃속에 사람이 살고 있다는 생각에 이르자, 더 이상의 고민은 무용했습니다. 2002년 월드컵, 붉은 악마의 함성이 대한민국을 휘감던 그 여름, 그렇게 엄마가 됐습니다. 사람 하나를 키운다는 건 지금까지와는 완전히 다른 양상이었어요. 출산 후는 그야말로 본 게임. 팔뚝만 한 게 꼼지락대다가, 어느 날 홀라당 제 몸을 뒤집데요. 아기는 그 기세로 방바닥을 기어다니기 시작했습니다. "애

시끼는 뱃속에 있을 때가 편하다"던 어른들 말씀, 진리더이다. 덧대어, "꼭 너 같은 딸 낳아서 길러봐야 어미 마음 안다"는 이 땅 엄마들의 푸념 또한 만고의 진실입디다. 성격이 꼭 저를 닮아먹은 아기는 제 삶을 점령해나갔습니다. 출근시간은 말 그대로 난장판이었지요. 활동량 많은 아기는 옷을 입힐라치면 홀라당 벗어내며 까르르 웃었습니다. 장난치지 말라는 저의 경고가 세 번 이어지고. 결국 아기는 등짝을 한 대 얻어맞고서야 멈췄습니다. 제 놀이를 방해받아 억울타며 눈물 콧물 범벅인 아기를 차에 태워 어린이집으로 향했더랬지요. 저는 딸아기 키우는 동안 참 많이도 울었습니다. 오른손엔 아기를, 왼손엔 가방을 양손 거뜬히 들 수 있는 강철 체력이 아니라서 울고요, 아침에 회사로 출근하고 밤에 다시 집으로 출근해도 말짱한 슈퍼우먼이 아니어서 울고요, 어린이집에서 꼴찌로 퇴근 도장 찍는 아기가 내 딸이라서, 구석만 보이면 울었습니다. '도대체 나는 뭘 하고 있나' 하는 한탄, 많이도 해댔어요. 아이가 학교에 들어가자 세상은 '직장 엄마'에게 더 관대하지 않았어요. 아이 등하교 로드매니저가 아닌 엄마, 학원별 스케줄을 관리하지 않는 엄마, 학교회의에 꼬박꼬박 참석하지 않는 엄마. 직무 유기를 겸해 방기하는 '불량 엄마'라는 꼬리표가 붙어버렸습니다. 완벽하게 조력하는 120점짜리 엄마들과 발맞추지 못하는 '시간 거지' 워킹맘이더군요. 그런 엄마 곁에서도 아기는 우렁우렁 잘 자라서 현재, 여자 어른이 되어가고 있습니다. 세상 모든 워킹맘에게 이 말을 하고 싶어요. 당신 참 잘하고 있다고. 엄마는 자식이라는 우주를 품고 있는데 무엇이 두렵겠습니까. 그러니 엄마들, 힘내자고요!

칭찬정량의 법칙

칭찬은 고래도 춤추게 한다.
반면, 놀게도 만든다.

공원에서 친구들과 김밥을 먹고 있었다. 한 여자의 고음이 날아왔다.

“아드님, 대단해요. 누굴 닮아 이렇게 잘 그릴까. 화가시네요”

나는 저 솜씨가 몹시도 궁금해서 기어이, 그림을 확인했다.

초등 5학년 됨직한 아이가 그린 졸라맨 두 개. 정녕 화가라… 굽쇼?

허튼 칭찬은 집중하겠다는 다짐을 방해할지도 모른다.

분야마다 일가를 이룬 사람들의 철학에는 공통점이 있다.

그들은 다 익은 것과 덜 익은 것을 철저히 구분한다.

무릇 긍정적인 말과 공허한 말은 무게가 다르다.

칭찬은 제때, 제대로 할 때 효력을 발휘하는 법이다.

계기 찾기

강연을 자주 듣는 편입니다. 그런데 가끔 강연자가 "나는 여러분을 믿는다"라고 말하면 의문이 생깁니다. 글쓰기 강연을 예로 들면, 이런 식입니다. "저는 여러분이 꼭 좋은 글을 쓰시리라 믿어요." 그럴 때 저는 손을 들고 묻고 싶습니다. 저를 아시느냐고 말입니다. 이상하지 않나요? 처음 보는 사람이 이 많은 사람을 믿는다는 게. 제 못난 성정 탓이겠지만, 믿음을 이리 남발해도 되나 해서요. "나는 널 믿는다"라고 쉽게 꺼내는 말보다 더 무책임한 말이 또 있을까 싶습니다. 공허한 응원은 정말 김빠지거든요.

만남의 자격

사람들은 스마트폰과 잠들고, 스마트폰과 일어난다.
그리고 스마트폰과 만난다.

동네 카페에 앉아 있는 여중생 넷.

한자리에 모였는데, 대화가 없다. 시선은 각자의 폰에 집중됐다.

만남은 여기인데, 폰 저기의 누군가와 교신중인 모양이다.

바야흐로, 호모포노사피엔스Homo phono sapiens● 시대다.

한 방송에서 통계를 인용했다. 스마트폰 사용으로 가족 대화가 34퍼센트 줄었단다.

요즘 사람들은 현지인을 대면하지 않고서도 북극 남극을 안다.

셰프와 만나지 않아도 레시피를 다 꿰는 세상이다.

만나서는 만나지 않고, 만나지 않았는데 만난 것 같은 사람들.

스마트폰 하나면 세상 전부를 만날 수 있는 세상.

그럼에도 만남만큼은 마주보아야 맞다. 그것이 옳다.

계기 찾기

우리나라 휴대전화 보급률이 총 인구의 90퍼센트에 달한다고 합니다. 10명 중 9명꼴이니 상당하죠. 게다가 지금의 스마트폰은 단순히 전화기가 아니지요. 소형 만능로봇을 데리고 다닌달까요. 365일 같이 사는 형국이니, '휴대 반려로봇'이라고 부르는 편이 더 옳겠네요. 아무튼 이 로봇 덕분인지, 탓인지 요즘에는 사람을 만나도 만나는 것 같지가 않습니다. 같이 있을 뿐, 대화 없이 각자의 소형로봇에 집중하잖아요. 2010년에 등장한 스마트폰이 만남을 이렇게 만들어버렸습니다. 이제는 대체 불가능한 스마트폰. 이런 세상에서 사람들은 누구와 만나는 걸까요? 현실 속의 사람, 폰 속의 누군가. 당신의 만남은 어느 쪽입니까?

● 휴대전화와 호모사피엔스의 합성어. 스마트폰을 신체 일부처럼 지니는 사람, 또는 스마트폰 없이는 생각하거나 살기 힘들어하는 세대를 가리킴.

공간 찾기 프로젝트

가고 싶은 공간이 있다는 건,
거기에 마음을 두었다는 증표.

술자리에서 '내 마음의 공간'이란 주제가 나왔다. 지인의 일화 한 편.

그가 사는 동네의 작은 술집은 언제나 손님들로 북적댔다.

그런데, 인근에 큰 펍pub이 생기면서 손님이 줄더란다.

주인장의 낯빛이 어둡다 싶더니, 어느 밤 가게 앞에 안내문이 붙었다.

「이번 달까지만 뵙고, 문을 닫습니다. 그동안 감사했습니다.」

반전은 지금부터. 사람들이 밤마다 모여들었다.

앉을 자리가 없어 선 채로 발걸음을 돌린 때엔 안주를 포장해 갔다.

열렬한 성원에 힘입어 폐업은 철회됐고. 여전히 성업 중이라는 전말.

혼자, 둘이, 여럿이 가도, 편히 마음 맡길 공간이 있다는 건 행운이다.

계기 찾기

사람들이 모이면 공간에는 의미가 생깁니다. 공간의 의미는 사람마다 다릅니다. 누군가에겐 행선지이며 누군가에겐 경유지일 테고, 또 누군가에겐 출발점이거나 도착점이기도 하겠지요. 몸도 마음도 공간에서 이정표를 찾습니다. 그래서 사람들은 공간으로 모여드나 봅니다.

여덟 살의 휴머니즘

마음이 날개를 펴는 것, 배려.

딸아이 여덟 살 때 일이다. 저녁식사 시간에 아이가 말했다.
등굣길 아파트 화단에서 어미 고양이와 새끼 둘을 봤단다.
그들의 집이 어디냐고 묻기에, 밖에서 사는 길고양이라고 답했다.
딸은 입안 가득 보쌈을 구겨 넣으며 고개를 끄덕였다.
상추 위에 족발 한 점을 올리면서 묻는다. "밥은 누가 줘요?"

며칠 뒤. 옷걸이에 아이 외투를 거는데, 주머니가 불룩했다.
1,000원짜리 고양이 간식 세 봉지가 들어 있었다.
당시 아이의 일주일치 용돈은 3,000원. 지갑이 텅 비었다.
하굣길에 사먹던 떡꼬치를 고양이 가족에게 양보한 모양이다.

계기 찾기

누구나 내 것에 집중합니다. 내 몫을 먼저 챙기게 되지요. 비록 작은 부분일지라도 나눈다는 게 쉽지만은 않습니다. 그럼에도 사람들은 제 가진 것을 내어주려고 노력합니다. 나눔의 뿌듯함을 알기 때문이겠죠. 분명한 건 이런 실천이 마음의 날개를 키운다는 사실입니다.

이토록 경이로운 당신

소통의 기술은 말솜씨가 아니라,
공감 솜씨.

할머니와 손자가 걷고 있다. 각자의 컵떡볶이를 먹는 중이다.

"할머니 이 집 떡볶이가 처음엔 500원이었는데요.

애들이 많이 사먹으면 700원. 안 사먹으면 500원으로 내려요."

"그래?" 놀라는 할머니.

"우리는 500원이 좋은데. 1,000원이면 이틀이나 먹잖아요."

"그래……." 안타까워하는 할머니.

"가격이 마음대로니까, 친구들한테 사먹지 말자고 해야겠어요."

"그래!" 동감하는 할머니.

할머니는 소통의 고수 중 상수上手다.

그래, 단 한마디로 평정하잖나!

계기 찾기

수첩에 '그래'라 쓰고 이렇게 낙서합니다. 긍정하는 앞통수와 부정하는 뒤통수를 왔다 갔다 하는 말, 빨랫줄 옷처럼 말과 말 사이에 걸친 말, 오후 네 시 별 냄새처럼 고소한 말, 말 가운데 섬처럼 머무는 말, '응'보다 한 땀 길게 매듭짓는 말. 그렇더라고요, '그래'는.

달팽이 소년

하나에 집중하면
그것은 그 사람이 된다.

옛적, 내가 공간디자이너였을 때 만난 소년 이야기.

소년에겐 반듯한 취미가 있었다. 모든 종이를 딱지로 만들었다.

여섯 살이 접은 딱지는 남달랐다.

귀퉁이에 달팽이가 그려져 있어야만 소년의 딱지다.

어느 아침, 소년은 앞마당 의자에 앉아 딱지를 접고 있었다.

반듯하게 접는 매무새가 다부졌다. "손이 참 좋구나."

소년은 아무 대꾸 없이 딱지만 접었다.

당시 나는 손 스케치를 많이 했다. 공간을 구상할 땐 늘 그렸다.

의뢰인과 미팅 중에도 생각이 떠오르면, 바로 그려서 보여줬다.

그날은 소년이 회의 중에 들어왔다.

스케치북에서 눈을 떼지 않은 채로 조용히 앉아 있었다.

나는 종이 한 장을 찢어줬다. 꼬마는 본체만체 밖으로 나갔다.

탁자 위엔 뜯긴 종이만 댕강 남았다.

사무실로 돌아가기 전에 나는 한 장의 행방을 확인했다.

종이가 없었다. 꼬마 손에서 딱지가 되고 있을 거라고 추측했다.

이상하게 내가 그 집을 다녀올 때마다 펜이 없어졌다.

펜 16개가 묘연했다. 물건을 잃어버리지 않는 편이라 황당했다.

어느 날 앞마당에 서 있다가 인기척을 느꼈다. 꼬마였다.

순간 펜이 떠올랐다. 펜에 관해 꼬마는 알 거라고 짐작했다.

아이 엄마에게 정황을 얘기했다. 그날 저녁, 부부가 사무실로 찾아왔다.

소년의 서랍 안에는 스케치북 낱장들과 펜들이 수북했다.

아이 아빠의 설명은 이랬다.

소년은 집이 그려지는 게 신기했단다.

내가 가진 펜이 무엇이든 그린다고 여긴 소년.

그래서 테이블 위에 펜이 보일 때마다 모았단다.

나는 소년을 생각할수록 간지러워서 그 저녁 내내 웃었다.

몇 년 뒤. 달팽이 소년의 가족이 독일로 이민 가던 날.

공항에서 나는 소년에게 색깔 펜들을 주었다. "좋아하는 거 다 그려."

이듬해 이국에서 그림 한 장이 날아왔다.

여자가 그려져 있었는데, 나란다. 소년은 암팡지게, 이렇게도 눌러썼다.

"보고 싶어요. 보고 싶어요." 종이 귀퉁이를 보다가 픕, 웃었다.

소년의 달팽이가 어김없이 살고 있었다.

계기 찾기

양평 전원주택에 살던 부부의 집을 리모델링한 적이 있습니다. 남편은 원목가구를 주문 제작하고, 아내는 그릇을 구웠어요. 나무와 흙처럼 푸근한 그들 사이엔 여섯 살배기 아들이 있었습니다. 세상은 그 소년을 '자폐아'라고 부르더군요. 그의 방엔 달팽이들이 오종종 살았습니다. 제가 보기엔 그놈이 그놈 같은데, 소년은 각각 이름을 붙였어요. 그의 하루는 이른 아침 별뉘 쬔

나뭇잎을 떼서, 달팽이들에게 먹이 주는 일로 열립니다. 어느 날, 손바닥 위에 있는 달팽이를 보여주며 제게 묻더군요. "달팽이 소리 들어보셨어요?" 혹시, 달팽이 소리를 아시는 분이 계시면 좀 가르쳐주시기 바랍니다.

첼로와 춤

자식은 부모보다 한 발짝 빠르다.
그래서 부모는 늘, 불리하다.

"젠장. 처맞을 새끼."

한 아주머니가 욕바가지를 퍼부으며 둘레길을 걸었다.

찰진 욕 세례를 받는 자는 그녀의 외아들. 내막은 이러하다.

작곡가를 꿈꾸던 음대생이었던 그녀는 철없이, 대책없이 엄마란 직함을 달았다.

아들이 악기를 곧잘 다루더란다. 못다 이룬 그녀의 꿈이 피어날 만큼.

그리하여, 엄마의 바람과 아들의 재능이 일치를 보았다. 바로 첼리스트였다.

그녀는 홍대 쪽에서 떡볶이 장사를 하는데, 그곳 거리공연이 서

막이었다.

춤꾼들 사이에 너무나도 노련한 무용수가 젠장, 아들이더란다.

'첼로는 어따 두고, 거기 있냐'고,

'헛것을 봤다'며 눈을 비비고 또 비볐단다.

싱글맘의 첼로와 아들의 춤.

그렇게 두 기차는 마주보며 질주하고 있었다.

계기 찾기

어느 여름에 저는 일과 사람에게 지쳐 있었습니다. 여행이라고 하기엔 뭣한, 주말 이틀간의 도망. 피난처는 제주였지요. 둘레길을 걷고 또 걸었습니다. 왈칵, 배가 고프더군요. 저만치 국숫집이 보였어요. 가게 할머니께서 대접 넘치게 담은 물국수를 주시며 그러셨어요. "흠뻑 먹고, 또 흠뻑 걸으소." 사람들은 길을 잃었을 때, 길을 찾기 위해 길을 나섭니다. 제주 둘레길에서 만난 그들도 각자의 행로를 분간하는 중이었습니다. 세상엔 똑같은 길은 하나도 없더군요. 쉬운 길도 없고요. 그러니 인생길 다시, 흠뻑 걸어가야겠지요.

집중하다

볼링 좀 한다는 사람이라면 스트라이크의 쾌감을 압니다. 볼링 고수들은 1번 핀 뒤에 숨어 있는 5번 핀에 집중하지요. 볼링공을 1번과 3번 핀(왼손잡이는 1번과 2번 핀) 사이로 넣어서 5번 핀을 타격합니다. 그래야만 다른 핀을 연속적으로 넘어뜨릴 수 있으니까요. 스트라이크를 치기 위해서 맞혀야 하는 5번 핀을 '킹핀kingpin'이라고 부릅니다. 통상 '핵심 목표'를 뜻하는 의미로도 사용합니다. 일의 성패는 이 핵심 목표를 어떻게 공략하느냐에 달린 거지요.

한 분야에서 승부를 내려는 사람은 '나는 무엇에 관심을 쏟는가?'라는 질문부터 따져봐야 합니다. 대개 머리로 셈하는 판은 어렵습니다. 게다가 득실을 따지다보면 재미도 없어지죠. 반면,

가슴이 끌리는 판은 신바람 납니다. 쉽고 재밌지요. 그래서 가슴이 머리보다 더 잘 알아요. 더 멀리, 더 오래, 더 신나게 달릴 수 있는 쪽이 어디인지를. 거기에 자신이 원하는 '진짜'가 들어 있습니다.

진짜는 바뀌지 않습니다. 질리지도 않고요, 빌릴 수도, 흉내 낼 수도 없습니다. 사람은 누구나 자신의 '진짜'에 집중하니까요. 우리가 명품이라고 부르는 제품의 창업자들은 모두, 자신이 진짜라고 믿었던 기술에 집중했습니다. 명품 브랜드 창업자 중에는 기술자 출신이 많다고 합니다. 카를 벤츠는 자동차 기술자, 루이 카르티에는 금속세공사, 루이 비통은 목수, 다니엘 스와로브스키는 유리장이, 살바토레 페라가모는 갖바치, 토머스 버버리는 포목상, 티에리 에르메스는 마구상, 가브리엘 샤넬은 재봉 기술자였다지요. 그들은 각자의 기술로 최고의 제품에 도전한 겁니다.

진짜에 집중하면 명작이 됩니다. 당신이 자신의 진짜를 찾았다면 집중해보세요. 아직 진짜를 찾지 못했다면 현재 주어진 일에 집중하면 됩니다. 그 과정에서 더 나은 계기를 발견하게 될 테니까요. 집중에도 습관이 필요합니다. 다음 세 가지를 연습해보실래요?

첫째, 양질에 집중하세요. 무조건 시간을 많이 쓴다고 해서 결과가 나아지는 게 아닙니다. 집중에도 '질'이 중요합니다. 예를 들어, 자료를 모아야 하는 경우를 살펴보죠. 저는 평소 영화를 자주 보는데요, 개봉영화 중에 공포물을 제외하고 챙겨봅니다. 그 중 자료가 될 만한 영화는 다시 봐요. 요즘은 'N차 관람(극장에서 한 영화를 여러 번 보는 것)' 수요가 늘었다고 들었습니다. 재관람의 이유야 제각각이겠지만, 저의 경우는 '이미지'와 '텍스트'를 나누어 수집하기 위해섭니다. 공간, 음악, 배경, 컬러의 이미지와 대사나 홍보카피 같은 텍스트로 구분합니다. 목적을 두고 다시 보면 각 장면이 더 또렷해질 겁니다.

더불어 등장하는 책이나 문구에서 다른 정보까지 넓힐 수 있습니다. 예전에 영화를 보던 중에 《마왕》이라는 책이 눈에 들어왔는데요, 그 장면을 계기로 미셸 투르니에 작가의 다른 글도 읽었습니다. 그 중 《뒷모습》이란 책이 좋았어요. 사진작가 에두아르 부바가 찍은 뒷모습들과 작가의 글이 일품이지요. 이후 화가들이 그린 뒷모습도 찾게 되더군요. 우연히 채집한 소재에서 새로운 정보를 이어나간 경험이었습니다. 집중하는 습관은 다른 자료를 찾아들어가는 씨앗입니다. 이런 씨앗이 많을수록 발전시킬 콘텐츠가 많아집니다.

둘째 '습관'은 멀티태스킹Multitasking, 즉 다중작업을 하지 마세요. 현재 상황에만 100퍼센트 집중하는 겁니다. 오직, 눈앞의 지금만 생각하기. 할까 말까, 될까 안 될까를 걱정하지 말고, 당면한 일에 집중합니다. 아마도 주변에 이런 사람들이 있을 거예요. 영화 보러 와서 일 걱정하고, 자장면 먹으면서 짬뽕 안 시킨 걸 후회하는 사람. 이걸 하면서 저걸 생각하다보면 당장 채울 수 있는 것들을 놓치게 됩니다. 책 읽을 땐 책을 읽고, 밥 먹을 땐 밥을 먹고, 요리할 땐 요리를 하고, 놀 땐 놀고, 잘 땐 그저 잡니다.

마지막으로, 자신만의 루틴Routine에 집중하는 습관입니다. 집중하기 위해서 집중하는 습관을 만드는 겁니다. 루틴을 잘 활용하는 예로 운동선수를 들 수 있지요. 기록으로 평가받는 선수들에게 집중력이란, 성적과 직결되는 문제죠. 딸아이가 운동선수다 보니 경기장에서 다른 선수들을 볼 기회가 많습니다. 주목할 점은 노련한 선수에겐 루틴이 있다는 사실입니다. 그들은 경기 전 오직 자신에게 집중합니다. 여기저기 전화를 걸지도 않고, 동료와 수다를 떨지도 않습니다. 집중에 방해되는 상황이나 생각을 철저히 치우더군요. 자신의 루틴으로 평소 흐름에만 집중했습니다. 명심하세요, 집중의 시제는 과거완료형이 아니라 반드시 현재진행형이어야 합니다.

part 3.

모든 것은 연결되어 있습니다

체스에 '퀴닝[Queening], '이라는 말이 있다.

하얀색의 폰[Pawn]은 한 칸씩만 전진할 수 있다.

폰이 상대 진영 끝에 도달하면 강력한 퀸으로 바꿀 수 있는데,

이것이 퀴닝, 여왕 되기이다.

가장 낮은 졸이 꾸준히 나아가서 여왕이 되는 것이다.

인생도 다르지 않다.

끈기를 이기는 묘수란 없는 법.

성서에 기대어 바라노니, 꼴찌가 첫째 될 것이라!

#우보천리[牛步千里]

불변 '디폴트'

디폴트를 받아들이는 마음,
거기서 다시 시작하면 될 일이다.

IT 업계에서 일하는 지인은 '디폴트[Default]'라는 말을 자주 사용한다.
예컨대, 같은 향수만 쓰는 이유를 물어보면, "이게 내 디폴트값."
좋고, 익숙해서 몸의 일부처럼 매일 사용한다는 의미다.

컴퓨터에서 디폴트란 기본적으로 설정된 초기값을 말한다.
모든 프로그램에는 지정하지 않아도 시스템에서 주어진 것들이 있다.
예컨대, 워드는 기본 서체가 '맑은고딕'인데, 이것이 설정값이다.
인생도 디폴트다.
자신이 어찌해볼 방도가 없는 상황을 마주할 때가 있다.

제어할 수 없기 때문에 인생이 '찐'해지고 '짠'해지는 거다.

계기 찾기

《이솝우화》에 '참나무와 갈대' 이야기가 있습니다. 갈대는 바람이 불면 허리를 굽혔지요. 그 모습을 보고 참나무가 비웃었어요. 땅속 깊이 뿌리박고 서 있는 참나무는 꼿꼿했습니다. 세상 그 어떤 것과도 맞설 수 있다며 당당했죠. 태풍이 몰아친 어느 날, 참나무가 뿌리째 뽑혔습니다. 갈대는 강둑에서 멀쩡했고요. 참나무가 갈대에게 물었지요. "너는 어떻게 부러지지 않았니? 나보다 작고 연약한데 말이야." 갈대가 말하길, "나는 바람과 싸우지 않아. 나는 바람이 지나갈 때까지 굽히고 있어. 하지만 너는 서서 지나가는 바람을 막았어. 바람을 멈추게 할 수도 없는데 말이지. 바람은 불어야 하는 쪽으로 가야 하거든." 갈대는 바람에게 맞서지 않았습니다. 그러면서 스스로의 시간을 준비했지요. 받아들인다는 건 자신을 버리는 일이 아닙니다. 살다보면 그럴 때가 있죠. 내가 아무것도 할 수 없을 때, 그저 기다리는 게 전부일 때. 이럴 땐 딱, 두 가지만 실천하세요. “다 지나간다”라고 입 밖으로 되뇔 것. 냉장고 속 반찬을 모조리 넣어서 싹싹 비벼먹을 것. 그렇게 그 폭풍우를 견디는 겁니다.

위로의 순서

과거, 현재, 미래를 동행하는 인연은
얼마나 복된가.

장마라는 계절의 시간표대로 한바탕 소낙비가 내리고 있었다.

교복 차림의 남학생이 한 학원 건물에서 뛰쳐나왔다. 우산이 없었다.

곧이어 같은 교복을 입은 두 명이 서둘러 뒤따라왔다.

그들이 바로 우산을 씌워주었지만, 아이는 밀어냈다.

그러자 뒤에 있던 두 친구가 우산을 접었다.

세 아이는 비를 홀딱 맞으며 나란히 걸어갔다.

서로의 몸을 툭툭 치다가, 웃다가, 어깨동무했다.

처음의 아이가 하늘로 두 팔을 올리자, 친구들도 따라 하며 웃었다.

때론 비를 막아주는 것보다 함께 맞아주는 일이 위로일지도 모른다.

계기 찾기

살아보니 "언제 밥 한번 먹자"라고 말하는 사람보다, "밥 먹으러 가자"라며 찾아오는 사람이 좋더군요. 고민하고 있을 때 "힘내, 다 잘 될 거야"라는 헛말보다 시간 내주는 정성이 고맙고요. 말보다 곁을 채워주는 진심에 의지하게 되잖아요. 어느 여름으로 기억합니다. 카페에 앉아 있는데, 창 너머 고등학생 세 명이 눈에 들어왔어요. 저런 만남이 인연이겠다 싶더군요. 불가에서는 인因과 연緣을 구분한다죠. 인이 직접 돕는 힘이라면, 연은 바깥에서 돕는 힘이라네요. 한마디로 인연은 안팎으로 힘을 준다는 말입니다. 그래서 인연은 존재만으로 이미 든든해지나 봅니다.

열두 달, 친절

피곤함을 단숨에 날려주는
피로해소제, 친절.

"안녕하세요, 103동 아저씨."

초등생 남자아이가 경비원께 인사했다.

몇 주 뒤, 그 아이를 다시 만났다. 다른 동의 경비원께도 알은체 했다.

한 택배기사님은 아이를 보며 손을 흔들었다. "안녕~."

아이의 안녕이 풍경을 바꾸고 그 풍경은 고단함을 녹였다.

'택시기사는 박카스, 수험생은 핫식스, 직장인은 컨디션, 주부는 찜질방.'

인터넷에서 회자되는 피로사회 필수품들이다.

희망컨대, '친절'을 추가함이 옳겠다.

일찍이 플라톤도 당부하지 않았던가.

"친절해라. 당신이 만나는 사람들은 이미, 격심한 전쟁을 치르고 있으니까."

계기 찾기

어느 날, 한 소년을 만났습니다. 그의 동선을 관찰하다보니, 영화 〈원더〉에 나오는 대사가 떠오르더군요. "힘겨운 싸움을 하는 모든 이들에게 친절해라." 누구나 친절이 좋다는 건 알지만, 한결같이 친절하기가 쉽지 않죠. 특히 바쁠 땐 말투며 행동이 거칠어지잖아요. '바쁘다忙'라는 한자를 풀어보면 '마음心'을 '잃는다亡'는 뜻입니다. 남을 생각할 여유나 마음이 없어지는 거죠. 친절은 상대방의 형편을 살펴보는 마음입니다. 바쁠수록 각자의 마음을 잘 간수하고 볼 일입니다.

낙법이 비법

낙법이 곧 비법이다.

딸아이 친구 중에 유도 선수가 있다.

하루는 저녁을 같이 먹었는데, 오른팔이 불편해보였다.

물어보니, 훈련 중에 잘못 떨어져서 팔을 다쳤단다.

넘어지지 않으려고 몸에 힘을 준 게 화근.

처음 유도를 배울 땐 잘 떨어지는 방법을 먼저 익힌다고 한다.

두세 달 정도 낙법을 배운 다음, 기술훈련과 대련을 한단다.

상대 선수를 넘어뜨리기 전에, 내 몸부터 보호하라는 명령이다.

한 스키강사가 그랬다. “잘 타는 것보다 잘 넘어지는 게 기술”이라고.

넘어질 거면 다치지 않게 넘어지는 게 요령이란다. 그래야 다시 설 수 있으니까.

계기 찾기

회복력이라는 단어가 생각나네요. 처음 이 단어를 봤을 때 놀랍더군요. 세상은 우리에게 아등바등 기어오르라고만 가르치잖아요. 무너지면 안 된다고, 넘어지면 안 된다고, 내려오면 안 된다고. 육체의 회복이든 사고의 회복이든 되돌아오는 능력이라니! 밑으로 떨어져도, 끝으로 미끄러져도, 바깥으로 밀려나도 낙담할 필요가 없겠습니다. 넘어진 그 자리에서 두 주먹 불끈 쥐고 일어서면 되니까요.

미술을 훔친 문명

당연함은 시대, 세대, 지역, 나라 따라
당연하지 않을 수도 있다.

미술에서 정물화는 17세기부터 이어온 전통적인 영역이었다.
그런 화폭 속의 과일을 21세기 비디오 미술가•가 재해석했다.
작품명 〈정물화〉. 담긴 메시지는 '모든 것은 썩어 없어진다'

예술가가 다른 버전을 제작한다면 이것을 추천하는 바이다.
작품명 〈정물화2〉. 담긴 메시지는 "모든 휴대폰은 진화한다."

— 1세대 카폰 특정인용 이동 서비스

— 2세대 벽돌폰 대중형 음성 서비스

— 3세대 애플폰 음성 · 문자 · 영상 서비스

— 4세대 모바일 디바이스 서비스

— 5세대 카메라 17대 수준 차세대 가상현실 서비스

기술이 당연했던 것을 새것으로 교체하는 변화의 시대,

기존 기술은 다시 당연한 것으로 밀려나는 각축의 시대.

시대의 급변에 따라 〈정물화2〉의 감상평은 다음과 같다.

'이 세상 무엇도 영원한 건 없다.'

계기 찾기

그 옛날 빛났지만, 현재는 사라진 것들이 많습니다. 이를테면 유행가가 그렇지요. 한 시절 넘치게 불리다가 신곡에 묻혀버리잖아요. 가끔 옛 노래들이 다시 들리기도 합니다. 딸아이가 부르는 노래 중에 제가 알 만한 곡이 꽤 있더군요. 제가 지금의 딸아이 나이였을 때 불렀던 그 노래들이 말이죠. 요즘의 아이들은 자기가 태어나기도 전에 유행했던 곡을 따라 부릅니다. 후배 가수들이 선배들의 곡을 재편집한 덕분에요. 유행가는 아슴아슴한 과거를 가져다놓는 힘이 있습니다. 그래서 때론 커버곡이 원곡보다 더 유명해지기도 하지요. 과거, 어제, 그런 옛것에 대한 감정은 일종의 '동료애'랄까요? 어느 한 시절을 같이 살았다는 애틋함이 있거든요. 그래서 추억이라는 이름을 붙여 그리워하고, 두고두고 회상하나 봅니다. 기술이 아무리 도약한대도 사람의 추억을 이기지는 못하잖아요. 추억은 기술보다 더 진하니까요.

● 미국 비디오 미술가 샘 테일러 우드Sam Taylor Wood의 비디오작품 〈정물화Still Life〉는 싱싱한 과일이 썩어가는 과정을 촬영한 다음, 3분 44초의 영상으로 압축 편집함.

어마어마한 사과

사과는 단거리 경주다.
빨리 '쫑내는' 사람이 이긴다.

옛날옛날 초등 6학년 때, 내 짝궁은 '삐돌이 마왕'이었다.

"넘어오지 마." 아침부터 뭔 심사가 또 뒤틀린 모양.

책상 위에 세로선을 쭉, 그렸다.

온종일 '여긴 내 땅, 저긴 네 땅' 하며 꼬장을 부렸다.

결국 나는 화가 나서 짝의 등짝을 한 대 후려쳤다.

"속이 일 센티도 안 되는 놈"이라고도 말했다.

짝이 한바탕 대거리할 거라 예상했는데, 뜻밖이었다.

"미안하다"고 했다.

필통에서 지우개를 꺼내더니 가름선을 지우며 말했다. "싹싹, 지울게."

쉬는 시간의 소동 이후, 내 짝에겐 '싹싹이'란 별명이 붙었다.

계기 찾기

열세 살 나이에 인생 비책 하나를 배웠습니다. 잘못을 했을 땐 바로, 먼저 사과하기. 만고불변의 진리대로 실천하면 얼마나 좋겠습니까만, 얄궂게도 제때 쓰질 않습니다. 수행과 단행의 괴리, 이것이 못돼먹은 저의 약점이지요.

가벼운 자들의 도시

권력이 곧 천하가 되는 역설.

1815년 3월. 한 남자가 20일 만에 괴수에서 황제로 등극했다.

3월 9일 살인마, 소굴 탈출

3월 10일 괴물, 쥐앙만 상륙

3월 11일 맹수, 카프 도착

3월 13일 폭군, 리옹 통과

3월 14일 약탈자, 디종으로

3월 22일 황제 폐하, 튀를리 입궁•

유배지 엘바섬에서 파리로 오는 동안 나폴레옹은 변모됐다.

이를 두고 권력에 복종하는 무리가 비겁하다고 흉볼 텐가.

잇속에 내 수를 걸지 않을 자, 그 누구인가.

계기 찾기

권력에 편승하는 언론을 지적할 때 나폴레옹 얘기가 등장하곤 합니다. 강자와 약자의 구조에서 권세 쪽으로 기우는 일이 어디 언론뿐일까요. 속담에 "사람은 조석으로 변한다" 하지 않던가요. 사람 참, 허약하고 가볍지요. 세상은 견고해보여도 단순한 원칙대로 움직입니다. 그 원칙이라 함은 한비자의 말을 빌려 갈음합니다. "천하는 이익에 따라 움직인다." 그렇기에 이 간사한 편승은 어쩌면 솔직한 게지요.

● 1815년 3월, 나폴레옹 보나파르트가 프랑스 엘바섬을 탈출해 파리로 돌아옴. 그 20일간 프랑스 최대 일간지 〈모니퇴르[Le Moniteur]〉의 논조는 표변했음.

어른 유감

어른이란,
예외와 의외가 줄어드는 사람.

12월 25일에도 산타 할아버지를 기다리지 않고
펑펑 내리는 첫눈을 보면서 출퇴근 빙판길을 걱정하고
"자식 먹는 것만 봐도 배부르다"는 고전을 이해하고
아침에 눈뜨자마자 영양제부터 챙겨먹는 나를 보면서 알았다.

일 따로 의리 따로, 대화 속뜻에 깔린 셈법에 실망하면서
'눈 가리고 아웅' 하는, 사실과 진실의 꼼수를 인정하면서
게임하는 뉴스 너머의 뉴스를 보게 되면서 나는, 생각했다.
잘 살고 있는지, 못 살고 있는지도 모른 채
어느덧 어설픈 어른이 돼버렸다고.

욕심 따라 손익계산서만 느는 전지적 어른 시점. 그저 유감이다.

계기 찾기

쉬워 보이는 것들이 저에겐 어렵습디다. 크면 다 해결될 줄 알았는데 아니었네요. 어른이 되고서도 '당기세요, 미세요'를 단 번에 해낸 적 없고요, 성냥에 불붙이는 일도 여태 못합니다. 어디 그뿐인가요. 뜨거운 국물도 못 마십니다. 그럼에도 커피 냄새가 좋아서 한여름에도 '아이스' 대신 따뜻한 커피를 주문합니다. 식을 때까지 뒀다 마시지만요. 나이 들어도 안 되는 건 안 되더군요. 그런 저에게도 딱 하나, 어른이어서 가능한 게 생겼습니다. 마음은 가는데 멈출 때 멈추는 거, 이거 하나는 됩디다. 어른이 되니까.

짐승주의보

세상 자식들이여,
너희의 중2가 고와야 엄마 갱년기도 곱단다.

지구에 사는 십대에겐 꼭 한 번 광풍이 분다.

이른바, '중2지랄병'

한때, 딸년이 발광하던 1년 동안, 내 정신도 날마다 몸살이었다.

어느 날 술자리에서 작은오빠가 이런 말을 했다.

"지구상엔 두 종류가 살아. 사람과 짐승. 중2는 짐승에 가까워."

신기하게도, 이 말이 내겐 명약이었다.

'내 앞에 있는 저것은 짐승이다'라고 생각하면서 딸을 대했다.

짐승이니까 패악을 부리는구나,

짐승이니까 말귀를 못 알아먹는구나, 여겼다.

대신, 그 보약에 '독기' 한 방울을 탔다.

'내 갱년기 때 보자, 이년아. 100배로 갚아주마.'

계기 찾기

사람은 어떤 식으로든 '지랄총량의 법칙'•을 실천합니다. 엄마라고 예외는 아니지요. 자식 된 자들이 이 점을 염두에 두는 게 좋을 듯싶습니다. 문득 친구의 하소연이 생각나는군요. 현재 그녀의 아들은 중2병 만발상탭니다. 그런데요, 친정어머님까지 갱년기시랍니다. 친구에게 사춘기와 갱년기가 친구를 안팎으로 덮친 겁니다. 아들이 아침에 난동을 부리고 등교하면 친정어머님이 집으로 오신대요. 그때부턴 어머니가 독주하는 시간입니다. "이놈의 집구석"을 서두로 "'기집애야, 너 옛날에"가 쏟아진다지요. 어느 날 어머니께서 그러시더래요. "봄꽃 같은 내 인생이 다 졌다." 시무룩한 어머니를 보고 있자니 과거 자신의 사춘기가 떠오르더랍니다. 나도 엄마 나이가 되면 내 아들에게 저러겠지, 그런 생각도 했다네요. 어쩌면 사춘기와 갱년기 둘 다 꽃들의 전쟁인지도 모르겠습니다. 사춘기는 꽃처럼 피고 싶어서, 갱년기는 진 꽃이 그리워서. 그렇게 모두들 제 꽃 시절이 간절한 거 아닐까요?

• 김두식이 쓴 책《불편해도 괜찮아》에 실린 이론. 사람에게는 평생 쓰고 죽어야 하는 '지랄'의 총량이 정해져 있다는 의미.

싸가지와 꼰대

한 뉴스 앵커의 클로징 멘트,
"꼰대가 꼰댈 줄 알면 꼰대겠습니까."

"이번 정차할 역은 ○○입니다."

안경 쓴 소년이 안내방송을 따라했다.

한국어, 영어, 중국어를 틀리지 않고 또박또박 흉내 냈다.

옆에 앉아 있던 아저씨가 웃으며 소년에게 나이를 물었다.

소년은 양손 약지를 곧게 펴 보이며 '11살'임을 알렸다.

이때, 한 할아버지가 '시끄럽다'고 소리쳤다. 사람들이 눈살을 찌푸렸다.

아저씨가 '놔두시라'며 말렸지만, 어르신은 성깔을 부렸다.

소년은 아랑곳하지 않고 계속했다. 약이 바짝 오른 할아버지, 골이 났다.

"저, 저런 싸가지 없는 놈을 봤나, 어른 말이 안 들려?"

수틀린 자의 고성에 저만치 누군가가 말했다. "어휴, 꼰대."

어떤 꼰대는 세상사 어느 한 수도 귀엽게 봐주는 법이 없구먼.

계기 찾기

3,000년 전 피라미드 벽에도 '싸가지'란 단어가 적혀 있었다죠. "요사이 젊은 놈들은 싸가지가 없다." 동서고금 가리지 않고 젊은이들의 싸가지는 운위됐던 모양입니다. 모두가 한때는 젊습니다. '싸가지 없다'는 소리를 들었던 세대에서 '싸가지 없는 저들'을 욕하는 세대로 입장이 바뀌지요. 세월이 흐르다보면, 그 나이듦을 감투 삼아 상대방의 '싸가지'를 제멋대로 평가하는 잘못을 저지르곤 합니다. 그렇게 '꼰대' 대열에 입성하는 겁니다. 한 지인의 아내가 말했다던 꼰대의 정의를 인용하겠습니다. "당신, 강의시간에 학생들에게 시답잖은 얘기하지 마. 그게 꼰대야."

한여름의 팥죽

관계의 갈림길, 보듬거나 보내거나.

그녀와의 만남은 미국 유학 간 선배의 전화 한 통 덕분이었다.
사정이 생겨 자신이 귀국을 못 하게 됐다면서 '아는 동생'을 챙겨달란다.
이틀 뒤, 그가 알고, 나는 모르는 '아는 동생'이 왔다.
공항에서 만난 그 여자는 한국 방문이 처음인 31세의 입양아.
제 나라를 떠나 살았지만, 모국어는 잊지 않고 있었다.

한여름 한낮. 그녀가 서울역 부근 죽 파는 가게로 나를 데리고 갔다.
그녀와 이 공간, 이 음식. 연유가 궁금했지만, 물어보지 않았다.
핏줄의 단절과 이방인으로 살았을 세월.

그녀 세계에 몰려왔을 해일에 관해 물을 수가 없었다.

5일간의 여정. 그 끝날에도 단팥죽을 먹었다.

그날 그녀는 포장까지 주문했다. 출국 전 공항에서 그녀가 나를 안았다.

아무것도 묻지 않아서, 같이 먹어줘서 고맙다고 했다.

그녀가 팥죽을 내게 건네며 말했다. "엄마가 만든, 굿바이 맘."

계기 찾기

사람마다 아픔을 표현하는 방식이 다릅니다. 슬픔이 쌓이면 초연해지는 모양입니다. 낯선 한 사람의 며칠을 지켜본 일이 있습니다. 그 5일 동안 31년간의 외면을 용서했는지, 원망했는지는 모르겠습니다. 다만 그 사람은 단단했고, 환했고, 차분했습니다. 그녀와의 만남 이후에 저는 무언가를 뜨겁게 잊어야 할 때 팥죽을 사러 갑니다. 약해지지도, 가라앉지도, 동요하지도 않았던 그 강단을 흉내 내볼까 해서요.

섬의 간격

냄새란 친하게 지내자는 낌새.

섬, '저도.' 그곳 토박이개 '별'이 마음을 연 어느 아침 이야기.

"꼭두새벽부터 어디를 쏘다니시나?"

내가 말 걸어도 눈길조차 트지 않는 놈.

단골 펜션 사장님의 개, '별'인데, 얼음공주다.

반겨주는 개 서비스 그런 거 만무하다.

개들 나라의 표현으론 개무시. 사람 세상에선 '쌩깐다'고 하지.

그 아침은 바다가 보이는 벤치에서 책을 보고 있었다. 별이 총총 왔다.

내 신발 안에 코를 들이박고 킁킁킁 탐구를 시작했다.

개는 사람보다 청각이 100배, 후각은 150배 정도 발달했다지?

그러니까 200배 웃도는 감각으로 나란 자를 해독중인 셈이다.

통성명을 마친 별이 내 신발에 턱을 괴고 아침잠에 빠졌다.

냄새는 아무 말도 하지 않지만 많은 것을 말해주는 게 확실하다.

**계기
찾기**

개들이 냄새를 맡는 이유는 상대나 사물을 파악하기 위해서래요. 냄새로 어떤 개체인지, 몇 살인지, 어디 사는지, 뭘 먹고 나왔는지 모든 정보를 알아낸다는군요. 자신을 위협하는 상대인지 아닌지도 파악할 수 있대요. 사람은 눈으로 외부 정보를 90퍼센트 이상 판단하잖아요. 개들의 코와 귀는 사람의 눈과 같답니다. 그러니까 개들이 냄새를 맡는다는 건 그들의 방식으로 대화하는 겁니다. 사람들이 상대방을 쳐다보며 악수하듯이 말이에요.

받아들이다

저는 바이올리니스트 데이비드 가렛의 연주를 유튜브로 자주 봅니다. 한 음악가는 자신의 클래식 공연 전체를 유튜브에서 공개한다지요. 또 텔레비전 대신 유튜브로 뉴스나 시사프로도 보는데요, 비단 저 한사람만의 변화는 아닐 겁니다. 통계상 전 세계인 네 명 중 한 명이 유튜브를 이용한다더군요. 갓튜브GodTube', '유튜브 쇼크' 같은 신조어만 봐도 대세임을 짐작할 수 있습니다. '트렌드'든 '현상'이든, 혹은 '유행'이든, 생활 중심에 자리 잡은 유튜브 시대를 실감하는 요즘입니다. 분명 어제와 다른 세상에 접어들긴 한 모양입니다.

고1 딸과 요즘 뜨는 콘텐츠를 이야기하다가, 서로의 유튜브 화면을 보여주었습니다. 유튜브의 초기 화면은 개인 관심거리에 따라 알고리즘이 자동 추천해주는 영상으로 정렬됩니다. 이른바 '콘텐츠 큐레이션 서비스'가 제공해준 둘의 콘텐츠 배열은 판이했습니다. 저의 화면은 시사, 토론, 강연 프로그램이 많았고요, 딸은 '소리먹방' ASMR, 1인 방송들이 차지했어요.

'큐레이션Curation'은 추천을 뜻합니다. 콘텐츠 큐레이션 서비스는 로직logic이 개인의 취향을 해석하고, 볼거리를 선별하는 기능입니다. 즉, 개인 맞춤형 정보 제공 서비스를 말합니다. 사람들의 관심사에 따라 제작된 콘텐츠를 분류하고 배포하지요. 적절한 시간대에, 적절한 콘텐츠를, 적절한 사람에게 제공하는 거죠. 컴퓨터가 나보다 먼저 나를 예측하는 셈입니다.

큐레이션 서비스는 수요가 늘어나면서 신규 비즈니스로 주목받고 있습니다. 특히 출판계에도 변화를 가져왔는데요, '큐레이션 북'이 좋은 예죠. 《대통령의 말하기》를 쓴 윤태영 작가가 한 강연에서 이런 말을 했습니다. "사람들은 공자, 맹자를 좋아한다. 하지만 해석한 콘텐츠를 더 선호한다." 혹자들은 이런 변화를 우려하기도 합니다. 내용을 모르면서 겉만 훑는 현상을 지적하는 대목이지요.

세상의 모든 변화는 두 개의 양상, 즉 배척과 수용으로 나뉘게 됩니다. 다름을 배척하거나 흐름을 수용하는 모습으로 나타납니다. 사람들과 소통하는 직업이라면 '수용'을 선택하는 것이 맞다고 봅니다. 여기에서 중요한 점은 변화를 받아들이되, 그 지점에서 진화해야 한다는 사실이죠. 제격인 사례가 있습니다. 김덕수와 사물놀이패 아시지요? 언젠가 그들의 공연을 본 적이 있는데, 신명이 경이롭더군요. 놀이패의 내력을 한번 보지요. 사물놀이는 사물四物, 꽹과리, 장구, 북, 징 네 가지 악기 놀이를 말합니다. 효시는 풍물놀이라네요. 풍물風物놀이는 야외공연이었습니다. 꽹과리, 장구, 북, 징과 나발, 태평소, 소고를 사용해 흥을 돋우었지요. 그러다가 서서히 '마당' 문화가 사라지면서 맥이 끊겼답니다. 그 대안으로 등장한 것이 사물놀입니다. 네 악기로만 구성해서 실내연주를 시도한 겁니다. 현대 서양음악의 실내악에서 실마리를 찾았다죠. 그리하여 김덕수패가 1978년 2월 22일, 서울 원서동에 있는 공간 사옥의 지하 소극장 '공간사랑'에서 세상 밖으로 등장합니다. 민속학자 심우성 씨가 네 청년의 풍물놀음을 보고 '사물놀이'라는 이름을 지어 주었다네요. 여기에 춤과 상모돌리기가 더해지면서 진화하고 있습니다. 사물놀이는 마당이 사라진 현실에서 대안을 만들고 발전시킨 본보기라 하겠습니다.

변화를 수용한다는 건 포기의 의미가 아닙니다. 방관이나 무책임도 아니고요. 세상에는 각자가 할 수 있는 일과 할 수 없는 일이 함께 들어 있습니다. 스스로가 선택할 수 있는 일도 있지만, 자신과 상관없이 전개되는 일도 있기 마련입니다. 빠진 곳은 빠진 대로, 변한 데는 변한 채로 가는 지혜가 필요합니다. 철학자 몽테뉴의 말로 마무리하겠습니다. "사건을 통제할 수 없기 때문에 나는 나 자신을 통제한다."

part 4.

세상일 한 끗 차이

나무들은 공기를 더 마시고, 태양을 더 쬐기 위해 서로 경쟁한다.

양껏, 힘껏, 생긴 대로 뻗어 자라는 것이 나무의 본성이기 때문이다.

그럼에도 나무는 제 성질을 추스르며 자랄 줄도 안다.

바위틈이나 강가 언저리에서 요량대로 뿌리를 내린다.

나무들은 조건을 탓하지 않는다. 자람에 충실할 뿐이다.

#나무의 선택

매미퇴각작전

존재마다 풍성하게 살아야 하는 이유가 있다.

당시 우리집은 아파트 3층이었다.

화단에 있는 커다란 나무가 베란다 전망을 메웠다.

덕분에 잎의 구체적인 변화로 봄, 여름, 가을, 겨울을 감각했다.

다만 한여름은 매미가 기선을 잡았다.

우리 가족은 왕왕한 떼창을 알람 삼아 잠들고 일어났다.

달빛에 잠이 깬 어느 새벽, 바람 따라 나뭇잎이 사각거렸다.

온종일 존재감을 알리던 매미 소리가 홀연, 사라져버린 것이다.

낯설던 고요. 나는 베란다에 한참을 서 있었다.

대체 그 많던 매미는 다 어디로 갔을까.

계기 찾기

여름마다 집 안에는 소음이 짱짱했습니다. 매미들이 당도한 겁니다. 옛말에 "고운 사람 미운 데 없고, 미운 사람 고운 데 없다" 했지요. 밉다 하니 소리마저 "미움~ 미움~"으로 들리데요. 떼로 울어대는 소란에 주말 늦잠은 물건너간 지 오래. 이른 아침, 대체 저놈들의 정체가 뭔가 싶어 매미란 족속을 검색하기에 이르렀습니다. 그 참에 EBS 영상 〈7년간의 땅속 생활, 2주간의 바깥 생활〉을 보게 됐지요. 매미를 쏘아붙이던 저의 몽매가 부끄러워지더군요. 2,555일을 기다린 14일의 축제. 시간은 절실할수록 짧게 오나봅니다.

탐나도다, 앵글

앵글은 존재를 들여다보는 각도다.

좋은 사진을 얻으려면 발의 수고가 요구된다. 앵글 때문이다.
피사체의 앵글은 위치에 따라 정각, 앙각, 부감으로 나뉜다.
정각이란 예컨대 뉴스 앵커를 정면 포착하는 수평 앵글이다.
앙각은 밑에서 올려보는 각도로 건물의 웅장함을 담기에 제격.
부감은 피사체를 위에서 내려다본다. 야구 등 경기 중계에 좋다.
피사체의 모든 매력은 '찰나'에 드러난다.

어떤 앵글에서 '눈 깜빡할 사이'를 잡아내느냐가 관전 포인트.
앞, 옆, 위, 뒤. 다른 각도에서 다르게 보면 다른 화면이 온다.
현실과는 전혀 다른 명장면이 앵글에 달려 있다.

계기 찾기

설계도면은 해당 제품을 시점마다 표기합니다. 제품의 사방이 보는 위치에 따라 수치로 기재되지요. 위에서 보는 평(상)면도, 앞에서 보는 정면도, 옆에서 보는 측면도, 뒤에서 보는 배면도로 측정합니다. 종이 위에서 입체적으로 검토되는 겁니다. 삶에도 다각도를 적용할 수 있다면 생산적일 텐데요, 그죠?

한 톨의 역습

사소한 것들이 판을 흔든다.

엄홍길 산악인의 후일담이다.

엄 대장의 골칫거리는 험준한 산이 아니라, 모래 한 알이었다.

그는 산을 오르기 전에 반드시, 자신만의 거사를 치렀다.

등정하는 전 대원의 신발을 거꾸로 들어서 불빛에 대고 탈탈 털었다.

사람은 긴장할수록 예민해지는 법. 고지에선 한 알도 복병이다.

"산에 걸려 넘어지는 사람은 없어도

돌부리에 걸려 넘어지는 사람은 많다."

"항우도 댕댕이덩굴에 넘어진다."

속담 빌려 당부컨대, 사소하다고 방심하면 큰코다친다.

계기 찾기

미켈란젤로가 시스티나 성당 천장 벽화를 작업할 때의 일입니다. 그가 천장 끄트머리에 다붙어 그림을 그리고 있었습니다. 한 친구가 바닥에서 외칩니다.

“여보게, 대충하게! 눈에 띄지도 않는 거기를 누가 보겠나!”

미켈란젤로 왈,

“내가 본다네.”

대가는 끝을 내다봅니다. 수작秀作은 사소함에서 판가름난다는 사실을 알기 때문이지요. 어느 작가는 조사 ‘은’과 ‘는’을 결정하는 데 일주일을 고민하고요, 어느 편집디자이너는 글자 간격 0.1밀리미터를 밤새 조절합니다. 명작은 ‘한 끗’을 잃지 않습니다.

커튼 뒤

학교에서 배운 지식이나 형식이 무용無用한 곳,
무대의 이면.

객석에서 무대를 볼 때면 엉뚱하게도 나는, 커튼 뒤가 궁금했다.
막이 오르기 전의 초조와 막 내린 후의 평안. 그 이면이 말이다.

반가운 소식 하나. 서울시향이 무대 뒤를 청중에게 공개한단다.
신비감이 깨진다 하여 보여주지 않았던 관례를 걷어낸 것이다.
모든 앞이야 '환상'이라지만, 뒤로 말할 것 같으면 '실상'인 것.
무대 뒤편은 지휘자와 오케스트라 단원들의 현실 그대로다.

구체적인 것은 앞에 있지 않다. 언제나 뒤에 있다.
결국 만만한 이면이란 없는거다.
어쩌면 세상의 모든 진품은 커튼 뒤에 있는지도 모른다.

계기 찾기

누구나 작은 텃밭 하나 가꾸는 바람을 갖습니다만, 정작 텃밭을 일구는 지인의 얘기는 좀 다릅니다. 막상 해보면 낭만이 아니랍니다. 노동이래요. 밭이랑을 매는 농부의 땀을 몰랐던 거죠. 세상일이란 게 다 그런가봅니다. 보기엔 쉬운데, 몸소 해보면 어려운 거요. 무슨 일이든 앞만 훑지 말고, 뒤에 숨은 수고를 톺아봐야겠습니다.

다르니까, 여기

'여기'가 최고인 이유는
그들은 여기에 전부를 걸기 때문이다.

신제품을 미리 써보는 자를 얼리어답터Early Adopter라 부른다지.

먼저 먹어보는 탐방자를 얼리비지터Early Visitor로 해두자.

그런 지인의 말. 입소문 난 맛집에는 공통점이 세 가지 있다.

첫째, 뚝심으로 일관한 단일 메뉴.

'이 맛은 우리 가게뿐'이라는 자부심이 대단하단다.

둘째, 365일 신선한 식재료.

사장이 직접 검열하고 구입하기 때문이란다.

셋째, 포장 구매는 항시 대기.

고객의 시간을 고려해서 미리 준비해둔단다.

마당발 얼리비지터 가로되 "역시, 맛집은 맛집이다."

계기 찾기

수학 교사가 직업인 지인에게는 그녀만의 밀실이 있습니다. 저는 그 공간을 드나드는 몇 안 되는 사람에 속하지요. 밀실은 낡은 건물의 외형만큼 역사가 깁습니다. 사진광인 그녀의 과거와 현재가 모조리 쟁여져 있거든요. 그녀는 사진과 관련한 그 어떤 것도 버리지 않습니다. 오래전에 사진을 현상하고 편집했던, 이제는 박물관에서나 볼 법한 각종 장비들과 필름들. 그 흔적들이 작업대와 바닥을 가리지 않고 뒤섞여 있습니다. 이 두서없는 공간에 들어와보면 어마어마한 사실 하나를 알게 됩니다. '이 여자는 사진에 제 시간을 부었구나.' 헌납한 마음이 한 번도 엷어지지 않았음을 느낄 수 있습니다.

뒤끝 있는 뒷얘기

하늘 아래 더 이상 새로운 것은 없다.
재해석, 재배치, 재구성될 뿐.

롱패딩은 선수들의 유니폼이었다. 일명 '벤치 파커.'

땀 흘린 선수의 체온을 보호하기 위해 만든 보온용 외투.

패딩점퍼는 공장 인부의 작업복이었다.

1950년, 프랑스 공장 인부들에게 주려고 만든 방한용 외투.

트렌치코트는 공군 전투복이었다.

1차 세계대전 당시, 수통과 지도를 보관하던 야전용 외투.

스카프는 군대의 계급장이었다.

1937년, 에르메스 회장에 의해 액세서리로 재탄생.

역사를 뒤집어보면 제2의 전성기는 언제든 가능하다.

언제나 누구나 모두가 가능하다.

계기 찾기

혁신은 어려운 일이 아닙니다. 앞에 있는 것은 뒤로 보내고, 뒤에 있는 것을 앞에 두는 시도입니다.

낮추면 생기는 일

누군가의 배경이 되어준다는 건
뭉클한 일이다.

이천에서 그릇을 굽는 지인의 가게에는 찌그러진 화병이 하나 있다.

화병의 출생은 그녀가 물레를 처음 만졌던 때로 거슬러간다.

누구나 최초는 긴장을 동반하는 법.

그녀가 처음 물레 앞에 앉았을 때 호흡이 제멋대로였다지.

서툰 손길에 흙덩이가 뭉개졌다. 그것이 지금의 꼴이다.

지인 왈, "저래 봬도, 내 흙의 역사와 동고동락한 인물일세."

잇대어 자랑하기를, '저기엔 무엇을 꽂아도 어울린다'고 했다.

나뭇가지, 갈대, 막 뜯은 들풀, 그 무엇을 꽂아도 어여쁘다고.

제 품새 대신 담길 것의 배경을 자처하니, 부대끼지 않는다.

추신.

최근 구입 문의가 잦아서 딱지가 붙었다.

“주인 소장품. 판매 불가.”

계기 찾기

은근해서 좋은 것들이 있습니다. 껍질 벗긴 귤 향, 새벽 공기에 섞인 풀 냄새, 잠결에 들리는 빗소리처럼. 그 은근한 것들은 자신만을 내세우지 않습니다. 제 성질을 버리고 주위 형편에 젖어들 줄 알지요. 그 낮춤을 아는 사람이라면, 혹은 그런 사람이 곁에 있다면 분명 복 받으신 겁니다.

불멸의 고정관념

사람이 사람을 이해하는 방식이란
자신이 살아온 범위가 고작.

[에피소드 1] 건널목에서 신호를 기다리는 모녀.

유치원 가방을 멘 소녀가 투덜댄다.

"오늘 선생님이 내 하늘을 망쳤어."

자초지종인즉, 미술시간에 하늘을 그렸다.

비 오는 회색 하늘을 그렸는데, 선생님이 파란색으로 덧칠한 것.

엄마가 말했다.

"어머, 왜 그러셨대. 앞으론 파란색만 써."

소녀는 엄마를 보며 고개를 갸웃거렸다.

[에피소드 2] ○월 ○일 훈련 일정

나는 딸아이 일지에서 '스프린트Sprint'란 단어를 봤다.

선수운동법의 하나임을 몰랐던 나.

내 식대로의 용어 해석에 갸우뚱했다.

딸: 육상, 수영, 스피드스 케이팅 단거리를 전력 질주하는 훈련법.

나: 5일 동안 핵심과제를 해결하는 기획·실행 프로그램.

우리는 고정관념으로 세상을 이해하고, 판단한다. 우물 안 개구리처럼.

계기 찾기

우리나라와 외국 방송에서 똑같은 실험을 했습니다. 실험명, "여자처럼 뛰어라." 다른 국적과 다른 생김새를 가진 사람들. 신기하게도 비슷한 모습으로 뛰었습니다. 양팔을 좌우로 흔들며 뛰고, 흐느적대며 뛰고, 입을 가린 채 뛰는 모습. 뛴다고 하기엔 우스꽝스러운 동작들이 많았지요. 다음으로 아이들에게도 같은 조건을 주문했습니다. 어른들과 달리 아이들은 그저 최선을 다해 달렸습니다. 그들의 동작에는 어떠한 편견도 없었어요. 인생을 살면서 지고 가는 가방에 넣지 말아야 할 것이 있습니다. 선입견입니다. 사람은 나이가 들수록 자기가 아는 시야로 세상을 봅니다. 삐뚤어진 기준은 감각을 무디게 만듭니다. 그러니 '뒤집기 연습'을 해볼 일입니다. 그 연습만 계속해도 인생살이가 기울어지지 않을 겁니다.

그녀 이름은 빨강

나눔은 세상을 향한 관심이다.

새벽 6시 10분.
빨간 외투를 입은 할머니가 동네 폐지를 수거한다.
그때마다 하얗고 작은 개는 그녀 손수레를 무사처럼 호위하고.

한 해가 저물어가던 주말 저녁, 백화점 앞에서 그들을 보았다.
할머니가 든 붕어빵 한 봉지로 보아 동네 산보 중이신 듯.
구세군 냄비 앞을 지나가던 그녀가 우뚝, 멈춰섰다.
한참 내려다보시는 할머니.
근처 화단으로 가더니, 윗옷 주머니에서 지폐 한 움큼을 뺐다.
천 원짜리 한 장씩을 손다림질 해가며 펴고, 쌓기를 반복했다.
할머니는 지폐들을 구세군함에 넣고, 빵을 한 입 베어물었다.

사람들 사이를 걷는 그녀 흰머리 위로 함박눈이 내려앉았다.

계기 찾기

건축가인 지인이 서울의 어느 변두리 동네와 신도시의 사진을 보여주며 묻더군요. 딱 보이는 차이점이 뭐냐고. 그의 설명은 이랬습니다. 오래된 동네일수록 어디 한 곳 높이 솟은 건물이 없답니다. 반면 최근에 생긴 동네 건물들은 점점 높아진다는 거예요. 건축가는 그 이유를 경제력보다는 보살핌으로 해석하더군요. 상대방 시선이 막히지 않게끔 하는 배려와 자신이 좋은 전망을 차지하겠다는 탐욕. 이 두 개의 감정이 두 개의 윤곽을 만든다고 했어요. 어르신들이 이런 말씀을 하시잖아요. "어려운 사람이 남의 어려움을 더 잘 안다." 이런 차이가 왜 생길까요? '같이 살자'는 보살핌과 '나만 살자'는 탐욕. 사람 안에는 두 마음이 삽니다. 제 입장을 포기하는 마음과 제 입장만 고수하는 마음. 두 장의 사진이 그 방증이지요.

그 집, 그 닭

우연에서 필연으로 키워가는 것, 기운.

백팩을 멘 남자가 지하철을 탔다. 앉자마자 가방을 그러안고 잠들었다.

그를 깨운 건, 그의 벨소리. "꼬끼오~!"

갑자기 친구가 떠올라서 나는, 웃음이 터지고 말았다.

내 친구는 자타공인 '금손 중 금손'이다.

친구는 주말마다 등산한다. 어느 하산 길에 백숙식당에 들렀다.

병아리들이 마당에 오종종 있었다. 귀여워서 데리고 놀았다.

주인장께서 '한 마리 가져가라' 하시기에 품에 안아들고 왔다.

'잘 자라달라'는 금손의 바람대로 병아리는 왕창왕창 자랐다.

병아리가 닭다워지자, 예상치 못한 문제가 생겼다.

날이 새면 닭이 울었다.

서울 한복판에서 목청껏 우는 것이다.

동네 사람들의 눈총이 쏟아졌다.

닭을 시골 할머니댁으로 보낼 수밖에 없었다.

귀향한 '반려닭'을 그리워하는 금손 내 친구.

그 마음이 식지 않아 벨소리가 1년째 '꼬끼오~'다.

계기
찾기

그런 친구들이 있죠. 손바닥이 충전소 같은 사람. 예컨대, 물고기 두 마리로 대가족을 만들고, 시든 화초에서 꽃을 틔우는 기인들 말이에요. 그들에겐 공통점이 있더군요. 동물이든 생물이든 그 대상에게 좋은 기운을 줘요. 금손인 친구에게 그 '살리는' 묘책을 물으니 이러더군요. "자주 물어봐, '별일 없지?' 이렇게." 언제나 눈길 안에 두고 관심을 주는 게 묘수였습니다.

뒤집어보다

비행기 안에서 내려다보면 땅 위의 모든 것들이 점으로 보입니다. 수많은 점들, 저 사이에서 무얼 그리 복작거리며 살았나 하는 반성도 하게 되지요. 평소와 다른 시점에는 마음을 회복시키는 마력이 있습니다. 공간이나 사물에는 정면에 가려진 이면裏面이 존재합니다. 사람들은 늘 앞만 봅니다. '앞'이라고 규정했기 때문이지요. 다른 면을 소외시키고, 정면만 고집합니다. 눈앞에 벌어지는 일만 보거나, 보고싶은 면만 골라냅니다.

현상 전체를 이해하려면 거꾸로 보는 습관이 필요합니다. 다른 계기를 만들고 싶다면 방식, 기본, 위치 이 세 가지를 뒤집어보세요.

첫째, 방식에 관한 의견입니다. 익숙한 방식에 변화를 주세요. 이를테면, 매일 가는 길 말고 다른 길로 가는 거예요. 차를 타고 다녔다면 걸어보는 일도 좋겠습니다. 언젠가 저는 동료 집 부근에서 아카시아 냄새를 맡은 적이 있습니다. 껌이나 찻잎으로 알던 향기가 공기 중에 날아오니 신선하더군요. 제가 좋아하자 동료가 이런 말도 했어요. 자신이 어릴 때 할머니께서 아카시아꽃을 튀겨서 간식으로 내주셨다고. 영화 〈리틀 포레스트〉에 동료가 말한 아카시아 튀김 장면이 나와서 어찌나 반갑던지요. 자극이 달라지면 생각도 달라집니다. 익숙하다는 건 안정감을 주죠. 반면 차이에 둔감해집니다. 우리의 오감은 변화에 민감합니다. 낯섦을 거부하는 반감이 변화를 자각하게 만듭니다. 자극이 새로운 생각을 불러올 수 있습니다.

둘째, 기본으로 돌아가세요. 대부분의 경우, 자기 분야에서 5~6년 차가 되면 슬럼프가 찾아옵니다. 누구나 하룻강아지였을 땐 범 무서운 줄 모르잖아요. 그래서 처음 시작할 땐 "도전! 도전!" 하며 날뛰고, "저요! 저요!"를 외치며 패기가 넘칩니다. 그렇게 3~4년이 지나면 서서히 "이게 내 길이 아닌가봐" 하며 시큰둥해지죠. 비축해둔 그나마의 지식이나 감각이 바닥나는 시기거든요. 유리컵 속의 모래를 한 줌 두 줌 덜어쓰기만 했으니, 당연한 일이죠.

만약 경고 신호가 왔다면 기본으로 돌아가보세요. 새로운 것, 특별한 것, 어려운 것이 아니라 놓친 것과 버린 것을 되짚는 겁니다. 다 아는데 무슨 기본이냐고요? 가당찮은 말씀. 지나왔다고 해서 전부 아는 것이 아닙니다. 어떤 결과물에 대해 훈수 두는 사람은 많지요. '느낌이 별로다', '어딘가 허전하다', '하다 만 것 같다' 식의 감대로, 맘대로의 지적질 말입니다. 실력자들은 알맹이 없는 지적을 하지 않아요. 구체적이고 정확하게 문제를 짚고, 해결의 실마리도 첨언합니다. 그들은 "별로"라고 말하지 않고, 별로인 이유를 찾아냅니다. 이런 차이는 어디에서 생길까요? 바로 기본에 있습니다. 기본은 현상을 해석하는 토대가 됩니다. 척추가 건강해야 몸이 바로 서는 이치와 같아요. 기본이 없으면 현상을 설명하지 못합니다. 3년 안에 다른 직업을 찾겠다면 기본 따위는 몰라도 됩니다. 5년 뒤에도 이 분야에서 일할 거라면 기본을 파야 합니다. 부하직원이나 후배에게 흰소리 안 하려면요. 요즘 '역발상'이란 단어가 인기던데요. 뒤집어보는 것도 기본을 아는 사람이 할 수 있습니다. 앞이 어딘지, 왜 앞인지를 모르는데 뒤를 응용한다는 건 어불성설입니다. 기본을 알아야 기본을 뒤집을 수 있습니다. 과하지 않게 세련되게 말입니다.

셋째, 위치를 바꿔보세요. 카피라이터나 작가들이 자주 쓰는 방법인데요, 단어 위치를 옮기는 겁니다. 단어나 문장 하나가 무슨 대수겠는가 싶다면 오산입니다. 이 사례를 살펴볼까요.

2008년으로 기억합니다. 〈대왕 세종〉이라는 KBS 주말 대하드라마가 있었어요. 저에겐 세종대왕이 익숙해선지 뒤바뀐 두 단어가 파격이더군요. 제작진이 밝힌 작품 의도는 이랬습니다. '〈대왕세종〉의 키워드는 리더십이다. '세종' 개인보다, 리더십 강한 '대왕'을 조명한다.'

세종과 대왕, 두 글자 위치를 바꿈으로써 이야기의 기둥이 달라진 겁니다. 단어 위치를 바꿔 각색하는 작업은 다른 작품에도 응용해봄직합니다.

변화는 어디에나 있고, 어디에도 없습니다. 바꾸고자 한다면 어디에나 있고, 바꾸고자 하지 않는다면 어디에도 없다는 의밉니다. 이거 하난 놓치지 말고 가지요. 자신이 뒤집어보지 않으면 삶의 다른 국면을 얻지 못한다는 사실. 때론 거꾸로 세는 반항이 필요한 이유입니다.

part 5.

핵심은 버릴수록 분명해집니다

삶은 질문의 합이다.

나의 온도, 나의 속도, 나의 척도를 묻는 것이 해법이다.

질문은 변하겠다는 의지와 같다.

질문하지 않으면 바꿀 수 없다.

그러니 묻지 않는 것은 태만이고 방관이며 무심이다.

질문한다는 건 열정의 징표이니,

세상으로 열린 자들의 다음 질문이 기다려지는 이유다.

#질문의 품격

도돌이표 놀이

열정은 예고 없이 와서 기척 없이 간다.

공연기획자인 지인은 차분한 성품이다.

그가 펄펄 끓어오르기도 하는데, 공연 무대를 준비할 때다.

세상 신난 일을 그러모은 사람처럼 달뜬다.

공연 마지막 날. 나는 뒤풀이 시간보다 40분 일찍 공연장에 도착했다.

그가 보이지 않았다.

늘 있던 책상에도, 자주 가던 옥상에도 없었다.

막 내린 무대 뒤를 찾아다녔다.

흑흑, 모퉁이에서 새어나오는 소리였다.

불 꺼진 바닥에 오도카니 그가 앉아 있었다.

공들여온 나날이 뜨거웠던 자가 허기를 갈무리하는 중이었다.

쏟아붓고, 소진하고, 다시 퍼붓고 껴안는 것이다. 열정이란.

계기 찾기

소설《토지》에 이런 대목이 나옵니다. 병수라는 인물이 몇 달간 씨름한 끝에 완성한 가구를 새 주인에게 넘겨줍니다. 그날 그는 끊임없이 음식을 먹습니다. 주위 사람들이 그만 먹으라고 타박하자 이렇게 말합니다. "알 수 없는 허기가 몰려온다"고요. 혹시 이런 경험 있으신가요? 정서적인 허기랄까요, 생리적인 공복과는 분명 다른 허전함을 느꼈던 일. 도착지에 다다르면, 한꺼번에 어떤 '고픔'이 덮치지요. 그러고 보면 사람은 망각할 수 있어서 다행입니다. 헛헛함을 버리지 못한다면 다시 쏟아낼 기력이 충전되지 않을 테니까요.

일이관지

흐트러지지 않게 하나로 꿸 것.
나머지는 모두 버릴 것.

[사례 1]

코카콜라가 지금까지 보여주는 메시지는 단 하나, '행복'이다.

행복을 지속하되, 다르게 말하는 맵시.

이것이 '브랜드 가치 1위' 코카콜라의 힘이다.

광고는 행복을 보여주고, 행복을 마시며 행복을 상징한다.

왕관이 왕을 나타내듯 코카콜라는 행복에 승부를 건다.

[사례 2]

나이키는 '그저 하라Just do it'고 말한다.

나이, 성별, 인종, 종목에 상관없이 할 수 있다는 복돋움.

실패를 두려워하지 말라고, 도전하라고 용기를 부추긴다.

그런 건강한 응원이 나이키의 상징이다.

나이키는 끊임없이 열정에 열광하며 승리를 강조한다.

잘 만든 것들의 핵은 하나여서 완전하다.

계기 찾기

제목이 곧 콘텐츠입니다. 첫인상이자 하이라이트지요. 글이나 장면의 끝은 콘텐츠의 종점과 같습니다. 사람들은 시작과 끝이 이어질 때 호감을 갖습니다. 그러므로 쭉, 말하는 바가 무엇인지 놓치지 말아야겠습니다.

● 一以貫之 방법이나 태도가 처음부터 끝까지 한결같음.

오직 그대만

사람의 눈은 한 가지 정보만 가져간다.

"인물사진에서 피사체의 패션은 중요하다.

반드시 잘 입어야 한다.

티셔츠를 입어도 대충 입는 것과 갖춰 입는 것은 다르니까.

내 사진을 본 사람들은 피사체를 기억하지만,

그들이 입은 옷이나 걸친 액세서리를 떠올리지는 못 한다.

나에게 모델의 패션이란 그런 것이다.

피사체를 부각시키되 피사체를 넘어서지 않는 옷 폼.

최고의 인물사진은 사람의 '얼꼴'만이 담긴 작품이다."•

사진작가 조세현의 말이다.

사람들의 눈은 본 것을 80퍼센트 기억한다.

그런데 한 번에 하나밖에 볼 수 없다.

모든 것을 강조한다는 건 아무것도 강조하지 않는 것이다.

계기

찾기

사람은 특정한 이미지로 상대방을 판단합니다. 이를 '초두효과'라고 하더군요. 초면에 호감 유무가 결정되는 시간은 단 3초랍니다. 그 기분에 대한 이유나 정황 따윈 필요 없는 거죠. 반대로 잘못된 첫인상을 만회하려면 60번 이상을 만나야 한다지요. 60번과 3초, 아무래도 3초에 사활을 걸어야겠습니다.

• MBC라디오 〈시선집중〉의 '토요일에 만난 사람들' 코너에서 조세현 사진작가가 했던 말.

요점의 길이

버려야 중심이 보인다.

새들은 비바람 부는 매서운 날에 집을 짓는다고 한다.
최악의 조건에서 최고로 튼튼한 둥지를 만들기 위해서다.
제 새끼들을 위한 최상의 채비인 것이다.

한겨울 우뚝 서 있는 나무 꼭대기에서 새 둥지를 발견했다.
둥지는 잎사귀가 무성할 땐 보이지 않는다.
나뭇잎이 떨어진 맨가지에서 드러난다.

말도 마찬가지. 많을수록 본질이 가려진다.
“설교가 20분 넘으면 죄인도 구원받기를 포기한다”[•]지, 아마.
잘 버리자, 요점만 남도록.

웬만하면 꾸중은 짧게 하려고요. 딱 한 줄로 끝내는 경고, 제가 시도해보려는 '잔소리 법'입니다.

엄마에게 혼났던 기억을 떠올려보면 이해가 쉬울 거예요. 장황한 훈수가 귀에 들어오던가요? 엄마의 잔소리는 짧은 한 방이 가장 무서운 법이지요.

• 소설가 마크 트웨인의 말

빛과 그림자

빛을 찾는 일은 빛나던 시간들을
버리기도 하는 일

친한 동생이 여러 가지 힘든 일로 우울증을 겪고 있었다.
어느 가을, 그녀를 전주 한옥마을로 데려갔다. 이런 말을 했다.

"한옥의 처마끝이 살짝 올라간 이유가 햇빛을 들이기 위해서래.
나무는 습기에 약하니까, 햇빛에 잘 마를 있도록 말이야.
빛을 귀하게 여긴 거지. 건물에는 빛만 필요할까? 마당을 봐.
빛이 여기저기 그림자를 만들어. 그림이나 사진도 그래.
밝은 면이 있으면 어두운 부분도 있고.
그래야만 깊이가 생기거든. 사는 일도 그런 거 아닐까 싶어.
깜깜하다가 개고 다시 빛이 들어오고.
빛과 그림자, 그 안에서 사람도 깊어지겠지.

그러니 아무것도 보이지 않을 때는 쉬자. 빛이 올 때까지."

계기 찾기

쉼표는 문장부호 ','의 이름입니다. 어구를 나열하거나 문장을 연결할 때 또는 문장을 끊어 읽을 때 사용하지요. 악보에도 쉼표가 있습니다. 음을 내지 않는 위치와 쉼의 길이를 표시하지요. 쉼표의 역할이 얼마나 큰지 한번 보시지요. 가령, '당신이 즐겁다면'에 쉼표를 붙여 '당신이 즐겁다, 면麪'[•]으로 바꾸면 어때요? 쉼표 하나 찍었을 뿐인데, 의미와 재미가 달라집니다. 삶의 쉼표 또한 같습니다. 때론 한 틈 쉬어가는 게 약입니다. 쉼이 필요할 땐 모두 내려놓고 쉬세요. 잠시 쉰다고 해서 무슨 큰일 생기는 거 아닙니다. 잠깐 쉬어가자고요.

• 영화 〈내 아내의 모든 것〉에 나왔던 라면가게 이름.

어이없게도, 이불

핏줄로부터 온 존재들,
그리고 핏줄로부터 달아나는 사람들.

노숙자 자립을 돕는 지인이 한 술자리에서 꺼낸 얘기다.

엄마와 노숙하는 8살 여자아이에게 꿈이 뭐냐고 물었단다.

아이가 말했다. "엄마와 매일 같은 이불을 덮고 자는 거요."

나는 그 말을 들으면서 한 사람을 떠올렸다.

기차가 막 출발하려던 찰나. 30대 초반의 임신부가 탑승했다.

내 옆자리였는데, 앉자마자 입을 막고, 고개를 숙였다.

그이가 울었다. 울음을 눌러 삼키면서 계속 울었다.

나는 그녀 무릎에 손수건을 올려두었다.

창밖을 보고 있던 나에게 그녀가 말을 꺼냈다.

유년시절을 고아원에서 살았다고 했다.

잘 자라서 좋은 사람을 만나 결혼을 했고, 아이도 생겼다고.

엄마가 되고 보니 엄마가 그립더란다.

수소문 끝에 찾아갔다. 하지만 새 가정을 꾸린 엄마는 그녀를 반기지 않았다.

"하루, 엄마와 같은 이불을 덮고 자고 싶……."

그녀의 눈물 둑이 터졌다.

계기 찾기

세상은 공평하지 않다더니 천륜조차 그런가봅니다. 사람은 부모를 연료 삼아 삶을 데우며, 채우며 사는 존재건만. 세상에는 그 권리조차 배당받지 못한 사람이 있더군요. 어떤 이에게 천륜은 시시포스•의 고역과도 같습니다. 그러니 각자가 누리는 것들이 당연하다고 여기는 무심함을 반성해야겠습니다.

• 시시포스는 그리스 신화에 나오는 코린토스의 왕. 교활한 그가 제우스의 분노를 사 저승에 가게 됨. 그러나 저승의 신 하데스를 속이고 장수를 누림. 시시포스는 그 벌로 무거운 바위를 산꼭대기까지 밀어올리는 처벌을 받음. 이렇듯 영원히 반복되는 형벌을 가리켜 '시시포스의 돌', '시시포스의 굴레'라고 함.

이기는 간판

우월한 것은 단순하다.

잘 만든 간판의 조건.

첫째, 품목을 알릴 것.

둘째, 외우기 쉬울 것.

조건 모두를 꿰어 앉힌 간판들을 호명하니,

성경말씀 '쫑긋'

튀김가게 '바삭'

애견카페 '왈왈'

막걸리집 '주전자'

동네카페 '노닥노닥'

압축시킨 감각은 언제나 옳다.

좋은 것은 설득하지 않는다. 보여줄 뿐이다.

계기 찾기

사람들에게 무언가를 팔아야 하는 직업일수록 세상으로 관심이 열려 있어야 합니다. 자기 세계에만 마음을 쏟거나 펼쳐두는 사람은 싹을 틔우지 못해요. 사람들은 모두 다른 정서를 가졌지만, 반응하는 지점은 같습니다. 세상은 분명한 것에 끌립니다. 군더더기를 버려야 끌어당길 수 있습니다.

네 개의 문장

강약 법칙은 둘 것과 뺄 것을 조율하는 일이다.

패션의 완성은 강약. 이것만 살려도 평가가 달라진다.
전체가 약하면 심심하고, 전체가 강하면 산만해지게 마련.
때문에 강해야 할 것만 두고 나머지는 힘을 뺀다.
'옷 좀 입는다'는 평을 원한다면, 다음 네 가지를 유념할 것.
하나, 상의가 강하면, 하의는 부드럽게.
둘, 액세서리를 부각시키려면, 의상은 클래식하게.
셋, 상의가 과하면, 하의는 미니멀하게.
넷, 패턴을 강조하려면, 컬러는 단순하게.

요약건대, 힘을 빼야 폼 난다.

누구에게나 '무조건'이 용인되는 것, 하나쯤은 있기 마련입니다. 있습니다. 그 대상이 사람이든, 사물이든, 무형의 것이든 말이죠. 저에겐 세르게이 라흐마니노프의 음악이 그렇습니다. 비르투오소Virtuoso• 답게 그의 곡은 기교가 화려합니다. 변화가 많은 음악과는 다르게 소심한 성격이었다지요. 둘째가라면 서러울 정도로 조심성이 많았다더군요. 사람들과 어울리기보다는 혼자 작곡하기를 즐겼다고 합니다. 그 단조로운 생활이 '라흐마니노프다운' 곡을 완성시키지 않았을까 생각합니다.

• 뛰어난 연주 실력을 가진 명인 연주자.

여행자의 예의

여행도 사람의 그릇이 드러나는 일이다.

70여 개 벽화로 유명한 이화마을을 지인과 산책했다.

주거지에 사는 자와 관광지에 놀러온 자의 차이려나.

담벼락에 이런 경고문이 붙어 있었다.

“사람 사는 집. 들어오지 마세요.”

그럼에도 카메라를 든 한 여자가 그 집 마당으로 들어갔다.

여자는 빨랫줄에 널린 옷가지들을 찍었다.

그 가운덴 속옷도 걸려 있었다.

할머니가 집 안에서 호통쳤다.

“저기, 남의 집에 막 들어와 뭐 하는 거요.”

관광객은 멈추지 않았고, 미안하다는 말도 없이 대문을 나왔다.

뻔뻔한 것도 때론 악.

여행자가 지켜야 할 예의는 둔감함을 내세우지 않는 것이다.

계기 찾기

서울 올림픽공원 새벽 1시 31분. 야밤 야외극장엔 벽도, 천장도 없었습니다. 관람료도, 정해진 좌석도 없었고요. 관람객들은 자유롭게 잔디에 앉고, 누워 대형 스크린에 빠졌습니다. 더 아름다운 건 영화가 끝나고 난 뒤, 사람들의 행동. 누가 시키지도 않았는데 각자의 자리를 청소하더군요. 자유로움에 대한 책임을 내다버리지 않는 사람들 단언컨대, 장소를 누리는 데도 자격이 필요합니다.

버리다

어릴 때 익힌 동작은 힘이 셉니다. 살면서 반복하지 않아도 머리가 기억하지요. 누구나 갓난아기를 보면 '까꿍'을 하잖아요. 아기를 달래거나 놀아주려고요. 사람들은 아기와 마주보고 눈을 크게 뜨면서 '까꿍'이라고 말합니다. 또는 두 손으로 얼굴을 가렸다가 '까꿍' 하면서 얼굴을 보여주기도 하고요. 언젠지는 정확히 모르지만, 우리는 분명 어느 시절에 '까꿍'을 배웠습니다. 그외에도 손뼉을 치는 '짝짜꿍', 고개를 흔드는 '도리도리', 주먹을 쥐었다 펴는 '잼잼'도 압니다. 이 모든 놀이에는 각각 의미가 있는데요, 그 중 '잼잼'이 흥미롭습니다. 이렇게 가정해보시죠. 병 속에 쌀이 있는데요. 손을 넣어 쌀을 쥡니다. 그 상태로는 손이 빠지지 않잖아요. 잼잼은 이 이치를 지적하는 동작이라더군요.

사람이 무언가를 버린다는 건 쉽지 않은 일입니다. 각자가 얼마나 버리지 못하는지를 알게 되는 순간이 있지요. 이사할 땝니다. 평소 잘 정리한다고 자부하지만 짐을 꾸리다보면 필요 없는 것들이 나옵니다. 예컨대 옷장을 차지한 옷들이 그렇습니다. 안 입는데도 혹시나 하는 마음에 쟁여둡니다. 버리는 데도 결단이 필요합니다.

기획의 요체가 바로 이것입니다. 핵심만 남기고 버리는 작업이 기획인 겁니다. 속칭 '먹히는' 기획은 잘 버린 결과지요. 메시지는 단, 한 개여야 합니다. 누구나 기억해야 할 항목이 적을수록 쉽게 이해합니다. 단순하게 만들어야 하는 이유가 이 때문이죠. 그런데 대부분의 사람들은 여백이 보이면 무언가를 채우려고 합니다. 지면 광고든 영상 제작이든 콘텐츠를 처음 의뢰하는 사람일수록 모조리 넣으려고 합니다. 하고 싶은 말을 전부 담아 텍스트와 이미지로 꽉꽉 메웁니다. 기획자의 임무는 그 빽빽한 것들을 덜어내는 것입니다. 결국 기획자의 실력이란 만드는 능력 반, 버리는 설득이 절반인 셈이랄까요.

기획은 '더하기'가 아니라 '빼기'입니다. 지금까지의 경험을 토대로 장담하건대, 잘 버린 작업들이 통합니다. 기획은 단순해야 해요. 어렵고 긴 논술문제를 '○× 문제'로 편집하는 것과 같습니다. 10개보다 1개가 더 분명하잖아요. 혼자서도 충분한 리우데자네이루의 예수상이나 뉴욕에 있는 자유의 여신상처럼 말입니다.

일뿐만 아니라 사람과의 만남 또한 마찬가집니다. 만남에도 다이어트가 필요합니다. 만남은 세 가지로 나눌 수 있습니다. 1단계는 즐거운 관계입니다. 흔하고 얕은 단계로 잘 노는 사이를 말합니다. 2단계는 이로운 관계로써 서로 돕는 만남이 여기에 해당합니다. 3단계는 으뜸입니다. 기쁨, 슬픔, 수치심도 보여줄 수 있는 최고의 만남이라 하겠습니다. 이런 사람이 있다면 '잘 살고 있노라' 으쓱해질 만하죠. 폰에 저장된 지인들이 어떤 단계인지를 점검해보세요. 유병욱 작가의 《생각의 기쁨》에 이런 구절이 있습니다.

"인생은 결국 어느 순간에 누구를 만나느냐다."

파리를 만나면 뒷간을 헤매고, 꿀벌을 만나면 꽃밭을 다닌다고 했습니다. 사람은 살아가는 동안 사람을 만납니다. 불필요한 만남은 버리세요. 자신이 발전 할 수 있는 사람들을 만나시길 바랍니다. 프로 골퍼들의 자세를 보는 것만으로도 많은 기술을 익히게 되잖아요. 나와 비슷한 실력을 가진 사람을 만날 땐 몰랐던 자세들을 말이지요. 잘 버리면 일에서도 사람 관계에서도 좋은 계기만 남을 겁니다.

part 6.

반복하면 쌓이고, 쌓이면 나아집니다

'봄비는 일비, 여름비는 잠비, 가을비는 떡비, 겨울비는 술비'라는 속담.

요약건대, 봄에 비가 오면 들에 나가서 할 일이 많으므로 일비,

여름에 비가 오면 낮잠 자기 좋아서 잠비,

가을에 비가 오면 집 안에서 떡을 해먹으며 지내므로 떡비,

겨울에 비가 오면 집에서 술이나 마시며 논다 해서 술비, 라는 말씀.

자연의 연고도 사시사철을 구분하건만, 세상사는 퉁치는 일이 다반사.

'됐다고 치자, 잘못했다고 치자, 줬다고 치자, 갔다고 치자.'

세상 사람들아, 아무쪼록 퉁치지 말자.

#퉁치기 금지

생활의 품격

몸짓은 거짓말을 못 한다.

짧은 백발의 한 할머니가 공원 벤치에 앉아 있었다.
벤치 뒤로 뻗어오른 나무 아래에서 책을 보는 중이었다.
그녀 오른쪽에는 반 쯤 마신 생수통이 놓였다.
왼쪽에는 꿀잠에 빠진 불독 한 마리가 자리했다.

할머니는 글을 읽는 중간중간 미소 지었다.
간간이 고개를 주억거리기도 했다.
책장 넘기는 사이사이 반려견을 쓰다듬는 일도 잊지 않았다.
글을 읽어내려가는 속도와 손길은 몸에 새겨진 것들이었다.

몸을 보라. 당신이 하는 몸짓 안에 당신이 들어 있다.

계기 찾기

간혹 그의 평소가 궁금해지는 사람을 마주할 때가 있습니다. 이를테면, 약속시간보다 일찍 나와서 책을 읽고 있다거나, 식사 때 밥알 한 톨 남김없이 싹싹 비운다거나, 동네 개나 고양이를 스스럼없이 쓰다듬는 사람. 사소한 틈을 사소하지 않게 쓰는 이들이 있잖아요. 몸짓만으로도 그가 하루를 어떻게 쓰는지 가늠할 수 있습니다. 행동은 나날이 쌓이고 쌓인 결과라고 저는, 믿거든요.

몸과 물의 시간

고수들의 동작에는 군더더기가 없다.

수영 선수들은 본격적인 훈련에 앞서 물에서 몸을 푼다.

'물밥' 좀 먹은 선수들은 이 순간, 당일 컨디션을 감지한다.

'노는 물이 다르다'는 말은 이럴 때 써야 제격.

그들의 유영은 부드럽다. 아름답다.

느리지만 가뿐하고, 느슨한데 팽팽하다.

몸과 물이 따로 놀지 않는 이른바, '수아일체水我一體.'

그렇게 서서히 몰입을 예비하는 것이다.

어느 순간, 몸이 안다. "이제, 시작할 때다."

훈련으로 전환하는 순간, 정적은 부서진다.

몸도, 물도 사나워진다.

계기 찾기

무언가가 되고 싶다고 해서 금방 이뤄지지 않습니다. 되고 싶은 것과 되는 것은 다르니까요. 오직 자신만을 살펴보는 시간. 이런 순간들이 모이면 모일수록 시작할 때와 되돌아갈 지점을 파악할 수 있겠지요. 또 새로운 기준이 생기고, 미처 몰랐던 것을 찾아내기도 하고요. 이 행운을 가지느냐, 못 가지느냐 하는 것은 각자의 몫입니다.

든든한 밀착

존중이란 기꺼이 눈높이를 맞추는 일.

한 남자와 그의 반려견이 공원에서 원반 던지기를 하고 있었다.

큰 개의 움직임이 기우뚱했다. 자세히 보니 발이 세 개다.

조금 더디지만, 야무지게 원반을 물고 왔다.

견주는 찬 맨땅에 무릎을 꿇은 채로, 아무려나 웃고 있었다.

다가오고 멀어지는 개의 모든 동작을 눈으로 쫓아가는 사람.

그에게는 개와 눈높이를 맞추는 일이 가장 중요한 듯 보였다.

던지고, 달리고, 멈추고, 주고받는 모든 동작엔 서두름이 없었다.

오랜 기간 함께했을 법한 세월이 그들의 놀이에 배어 있었다.

그들의 밀착은 서로에 대한 존중으로 포만했다.

계기 찾기

바늘엔 실, 초코케이크엔 커피, 삼겹살엔 계란찜처럼 '이것에는 이것'이 따라와야 제격인 것들이 있습니다. 곰곰 생각해보면 자신과 어울리는 단짝이 있을 겁니다. 그 대상이 사람이든, 동물이든, 사물이든 말입니다. 바라보는 것만으로 흐뭇해지는 존재와 같이 있다면 그곳이 어디든 낙원이겠지요. 낙원이 뭐, 별건가요.

작가열전

작가는 단어를 빼고, 넣고, 버리고,
더하고, 다듬는 조형기술자다.

겨울이면 얼음낚시에 빠지는 친구로부터 문자 하나가 날아왔다.
"얼음 구멍마다 붕어 풍년이야."
황석영 작가가 한 출간기념회에서 이 '얼음 구멍'을 구가했다.
"사람이 얼음 구멍에 빠지면 누군가가 꺼내줘야 합니다.
나의 경우, 그때마다 기어나올 수 있는 힘이 문학이었어요."

까치밥은 겨울 철새들을 위해 따지 않고 몇 개 남겨두는 감을 말한다.
작가 유시민이 한 토론 방송에서 그 까치밥을 소환했다.
그는 '사람을 궁지로 몰아대서는 안 된다'는 표현을 이렇게 했다.
"곳간에서 종자 씨까지 털어내는 건 좀……. 적어도 까치밥은 남겨둬야죠."

계기 찾기

작가들의 글을 생각해보세요. 그 재치는 쉬이 잊히지 않습니다. 단어를 조형하는 그들의 솜씨를 저는, '작가적 언어'라고 쓰겠습니다. 이것은 저절로 흘러나오는 게 아닙니다. 오랜 숙고 끝에 빚어내는 결과입니다. 대하소설 장인의 대명사인 조정래 작가는 지독한 노력파로 알려져 있습니다. 직장인처럼 출퇴근 시간을 정해놓고, 점심시간 이외엔 줄곧 글을 쓰신다더군요. 〈수선화에게〉로 알려진 정호승 시인 또한 글에 공을 들이기로 유명합니다. 한 편의 시를 짓기까지 30~40번을 고쳐 쓰신다 들었습니다. 한 인터뷰에서 '노력이 시를 쓰게 하는 요소'라고 하셨지요. 작가들은 이렇게 말합니다. '작가란 자기 글을 조금 더 좋게 자꾸만 고치는 사람'이라고. 한 번에 글쓰기를 끝내겠다는 오만이 그들에겐, 없습니다. 그런 분투 덕분에 작가만의 언어가 영그는 모양입니다.

원컨대, 인내

뛰는 놈 위에 나는 놈,
즐기는 놈 위에 견디는 놈이 승자.

진땀을 담보로 훈련하는 선수들에게 국가대표는 최종 고지다.

한 국가대표 스피드 스케이팅 선수에게 질문했다.

당신에게 국가대표란 무엇인가, 라고.

선수가 답했다. "직업."

담담한 대답 너머엔 얼마만큼의 땀이 배어들었을런가.

피할 수 없다면 즐기라지만, 못난 내 심성은 반기를 든다.

42.195킬로미터를 달린 마라토너는 즐기는 게 아니다.

도착해야 하기 때문에 두시간의 고통을 견디는 것이다.

땀에 몰두하고, 땀을 감당하는 것.

그들이 고통을 넘어서는 방법은 그러하다.

계기 찾기

한 예술학교에서 노래를 가르치는 지인이 있는데요, 우연히 그의 수업을 들었습니다. 어느 학생에게 했던 조언이 인상적이었어요. "사람마다 음색이 달라서 소리에 이것이 맞다, 틀리다는 없다. 하지만 소리가 좋고, 나쁜 것은 있다. 좋은 소리는 자신이 자신을 알 때 나온다. 그때그때 변통으로 노래하면 잘 부를 수 없다. 이렇게 혹독하게 공부하면서, 기교로 버티는 건 좀 억울하지 않나. 잊지 마라. 운발로 가는 데는 한계가 있다." 그래요, 반짝이는 것은 잠깐뿐입니다.

뒤로 걷는 연습

세월의 속도는 항상, 깨달음보다 빠르다.

연령별 필독서. 서가에 꽂힌 책들이 증명하고 있는 바.

타의 반, 자의 반 일생을 공부에 미쳐야 하나보다.

《10대 꿈을 위해 공부에 미쳐라》

《20대 공부에 미쳐라》

《30대 다시, 공부에 미쳐라》

《40대 다시 한 번 공부에 미쳐라》

《50대 50부터 시작하는 진짜 공부》

"젊을 때 공부해라."

"공부에도 다 때가 있다."

"공부할 때가 좋을 때야."

나이 먹은 자들의 진심, 본심, 사심, 흑심이 망라된 충고들.

애석한 일은 그 조언을 깨닫기까지 평생이 걸린다는 사실.

세월 흐른 그제야 공부의 유용을 알지니, 이것이 낭패다.

계기 찾기

생각이 무언가에 잠겨 있으면 한동안 그것은 생활의 내용이 됩니다. 저는 지난여름 역사책에 빠져 살았습니다. 서점이나 도서관에서 '역사'란 이름이 붙은 책들을 모두 가져왔지요. 그 무렵 딸아이의 중학교 역사 교과서를 우연히 보게 됐습니다. 아이가 중간고사 기간이라 가져왔더라고요. 마침 제가 읽고 있던 역사책과 관련된 대목이 있어서 조목조목 봤습니다. 재밌더군요. 문득 '내가 학교 다닐 때 역사 수업을 좋아했던가' 싶어 피식 웃었어요. 지나고서야 알게 되는 사실이 많습니다. 미리 알았더라면 좋았을 재미들 말이죠. 사람은 복습해야만 깨닫는 서툰 머리를 가졌나봅니다.

삼삼한 플랜

그대, 뜻한 바가 있어 작심했다면
삼 일을 넘겨야, 결심으로 굳는다오.

어느 주말, 회의가 길어지는 통에 친구들 모임에 늦었다.
그들은 '후래삼배[後來三盃]'를 외치며 술잔을 들이밀었다.

예부터 더도 말고, 덜도 말고 '삼세번'이라 했다.
한 번은 아쉽고, 두 번은 부족하고, 세 번은 채워야 온전하다지.
가위바위보 삼세판, 밥 세 끼, 재판 삼심제도,
성부와 성자와 성령의 이름으로 삼위일체.
인간사 또한, 도덕규범 삼강[三綱], 귀인을 얻자면 삼고초려[三顧草廬].
속담도 질세라, '삼삼법칙'을 따랐다.
서당개 삼 년에 풍월을 읊고, 세 살 버릇 여든 간단다.
만사에 관여하는 삼의 달변.

여하간 이길 공산이 크므로, 당할 재간이 없다.

계기 찾기

어느 저녁에 친구가 왔는데, 회사 일로 잔뜩 화가 나 있더군요. 술자리에서 농 반 진 반, 그녀가 그러대요. "이 꼴 저 꼴 보기 싫은 참에 치킨집이나 할까?" 마침 안주를 가져오던 주인장께서 댓글을 붙입니다. "치킨집 차리지 마소. 세상에서 닭이 제일 만만한 게 아닌기라요." 이어 한 줄 더. "딱, 세 번만 더 생각해보면 지금 자리가 꽃밭인 걸 알긴데요." 삼세번에 득한다는 옛말 정말이지, 그른 데 없습니다.

정답의 아이러니

우리는 숱한 시험에서 답을 고르며 산다.
내 것이 정답이길 바라면서.

신경림 시인의 경험담이다.

한 국어교사 모임에서 자신의 시로 시험을 봤다.

자신이 쓴 시인데, 받은 점수가 고작 30점이었다.

황석영 작가도 한 인터뷰에서 비슷한 얘기를 했다.

국어 선생님들을 위한 강의. 종강 때 그들이 제안을 하더란다.

소설 《삼포로 가는 길》을 지문으로 사지선다형 시험을 보자고.

재밌겠다 싶어 호기롭게 응했다. 웬걸, 성적은 낙제점.

'내 거인 듯, 내 거 아닌, 내 거 같은 내 글'에서 과락인 게지.

황석영 작가는 문학과 교육의 간극을 두고 이렇게 말했다.

"문제가 함정인데 답을 골라야 하니 이거야말로 아이러니죠."

계기 찾기

'사오정 시리즈'가 유행한 적이 있습니다. 남의 말을 이해하지 못하거나 엉뚱하게 대답하는 사람을 빗댄 조롱이었지요. 사오정의 입장에서 보면 좀 억울할 법도 합니다. 사오정은 물에 사는 귀신이라지요. 귓속에 물이 들어가지 않도록 귀를 접고 있어서 못 듣는 거랍니다. 그런 속사정도 모르면서 말귀 어두운 놈이라고 구박하니 사오정으로선 속상할 노릇입니다. 사람들은 겉만 보고 판단하는 경우가 많습니다. 나름의 까닭도 모르면서 이런저런 뒷말이 무성하지요. 쑥덕공론 까짓것, 무시하고 넘어가긴 합니다만 심사가 뒤틀리는 건 어쩔 도리가 없습니다.

만약에 말야

승자의 기록은 역사가 된다.
4등의 기록은 야사도 되지 못한다.

고대 그리스인은 넷째 손가락이 심장과 연결된다고 믿었다.
저들의 낭만과는 달리, 경쟁자들에게 네 번째는 달갑지 않다.
한 독일 선수가 〈뉴욕타임즈〉 인터뷰에서 이런 말을 했다.
"누군가는 4등을 해야 하는데, 그게 나다."

코넬대 심리학 연구팀이 메달별 선수들의 만족지수를 분석했다.
은메달을 딴 선수의 만족도가 4.8점, 동메달 선수는 7.1점이 나왔다.
연구팀은 은이 더 낮은 이유 '비교 기준'에 있다고 설명했다.
은메달 선수는 목표했던 1위를 목전에 두고 있었다. 그래서 2등이 실망스러운 것이다.

반면, 동메달 선수는 수치가 높았다.

4등의 '노No 메달'을 면했다는 안도감이 작용했기 때문이다.

계기 찾기

사람의 욕심에는 끝이 없습니다. 정량 제한도, 유통기한도 없지요. 한 토론 프로그램에서 '세계 행복도'에 관한 조사 결과를 이야기했습니다. 행복지수가 경제 수준과 일치하지 않더군요. 선진국 국민의 행복지수는 낮았습니다. 반대로 가난한 나라의 국민이 더 '행복하다'고 느낀대요. 즉, 행복과 불행을 판단하는 기준은 소유의 크기가 아니었습니다. 남과 비교하는 데 있습니다. 누구와 무엇을 비교하느냐에 따라 각자의 행복도가 결정된다는 얘깁니다. 만족하려면 견주지 말라는 결론인데 그게 참, 어렵습니다. 자기 체면을 재지 않을 사람이 어디 있겠습니까.

시간 통장

시간은 시간을 허비한 자에게
'후회'라는 마이너스 통장을 준다.

우리집 식탁 위엔 통통한 알람시계가 하나 있다. 귀가시간 감시용이다.

내가 딸에게 하는 시간 교육은 경제적 착취에 가깝다.

무릇 사람에게겐 원초적인 계산 두 가지가 있다.

'이득이 좋다'와 '손실은 싫다.' 누구든 손실을 더 따지게 마련.

딸은 귀가시간 1분을 넘길 때마다 용돈 1,000원씩이 차감된다.

언젠가 13분이 늦어서 13,000원이 삭감된 바 있다.

당시 용돈이 20,000원. 그때가 월초였으니 약 3주는 거지였겠다.

시간은 각자가 시간을 쓰는 그대로 미래를 저축한다.

다만 그 사실을 모를 뿐이다. 경험하지 않으면 모르는 존재가 사람이니까.

계기 찾기

물건을 사면 돈이 듭니다. 여기서 한 가지 놓치는 게 있는데요, 시간입니다. 무언가를 살 때 돈뿐만 아니라 시간까지 소비한다는 사실을 대수롭지 않게 여깁니다. 흔히들 '시간은 돈'이라잖아요. 이 공식대로라면 시간과 돈은 동급입니다만. 돈은 아끼되 시간을 절약하지 않습니다.

'시간비'를 내야 가치를 알까요? '시간이 돈'인 세상을 그린 〈인타임〉이란 영화가 있습니다. 영화 속 세상은 모든 비용을 시간으로 거래합니다. 노동의 대가도 시간으로 받는데요, 팔뚝에 새겨진 '카운트 바디 시계'로 충전됩니다. 시계에 찍힌 시간이 곧 목숨입니다. 그런데 이 시간으로 의식주를 해결해야 합니다. 커피 한 잔이 4분, 버스요금 두 시간, 스포츠카 한 대에 59년이 듭니다.

아침마다 자신의 남은 생을 확인하는 사람들, 매일 시간을 벌지 못하면, 더는 살 수 없는 세상. 아찔하지요? 이런 현실이라면 시간을 황금 보듯 하겠네요. 무엇보다 '킬링 타임Killing Time'이란 단어가 사라지겠습니다.

당신 냄새

기억은 냄새로부터 온다.

새끼 돼지가 주인공인 영화가 있었다.

개봉 후 미국에선 같은 종의 돼지 분양이 급증했다.

돼지란 본디 성장 발육이 남다른 동물.

사람과 살던 그들이 덩치가 커지자 길거리로 버려졌다.

그런 돼지 열두 마리를 돌봐주던 집에서 선배가 한 달간 살았다.

그가 말하길, 알고 보면 돼지는 개만큼 영리한 동물이란다.

유독 관심 가는 녀석이 있었는데, 제일 뚱뚱한 새까만 돼지였다.

처음 돼지 이름을 듣고 무시무시한 부조화에 뜨악했단다.

거대한 그녀의 거북스러운 이름은 '허니'였다.

허니는 버림받았다는 상처 때문인지 낯선 이를 거부했다.

더구나 제 나라 사람과는 다른 동양인이 더 낯설었을 터였다.

곁으로 가볼라치면 잰걸음으로 도망가기 바쁘더란다.

체면 접고 비음 좀 섞어가며 불러도 봤다.

허나 환장할 무반응만 돌아왔다.

철벽녀 허니는 노란 담요를 좋아했단다.

담요 위에 앉고, 눕고, 그것과 놀며, 잤다.

어느 날, 선배가 그 담요를 세탁해주려고 들고나왔다.

이게 사단이었다. 등 뒤로 요상한 공기가 확, 풍기더란다.

한 덩치 하는 그녀가 자신을 향해 돌진해왔다.

너무 놀라서 씽크대 위로 허겁지겁 올라갔다고.

지켜보던 사람들이 바닥에 드러누운 채 배를 잡고 낄낄댔다지.

담요를 물고 가던 녀석이 휙, 돌아보더란다.

그날 밤. 선배 옆구리가 묵직했다. 허니가 옆에서 자고 있었다.

선배는 노란 담요를 펼쳐서 까만 돼지와 같이 덮었다.

만난 지 21일째, 허니를 안고 곤히 잤다고 했다.

이별하는 날. 선배는 그녀를 보지 못했다.

허니가 제 방 벽에 코를 붙이고는 밖으로 나오질 않더란다.

일주일 뒤에 돼지 주인장으로부터 메일 한 통이 왔다.

"허니 애장품이 하나 늘었음.

당신이 쓰던 수건, 당신 냄새가 나니까."

계기 찾기

저는 딸이 아기였을 때 그녀를 제 가슴팍 위에 엎어두고 재웠습니다. 아기의 콩당거리는 심장이 느껴져서 좋았거든요. 아기도 싫지 않았는지 잠이 올라치면 제게 기어오르더군요. 말을 하기 시작할 무렵으로 기억합니다. 딸아이가 가슴팍에 코를 박더니 냄새를 들이마시는 거예요. 저를 꼭 끌어안으면서 이러대요. "음, 예쁜 냄새." 냄새 관련한 심리학 용어 중에 '프루스트 효과'라는 게 있어요. 프랑스 소설가 마르셀 프루스트의 이름에서 딴 용어래요. 작가의 어느 겨울로 돌아갑니다. 그가 홍차에 마들렌 과자를 적시고 한입 베어 물지요. 딱, 그순간 어릴적 한 장면이 떠올랐어요. 고향에서 숙모가 건네 주던 마들렌 향기가 말입니다. 그 기억 덕분에《잃어버린 시간을 찾아서》라는 소설이 탄생했다더군요. 이후, 냄새가 기억을 이끌어낸다는 의미로 '프루스트 효과'라 부른다지요. 문득 어떤 냄새가 온다는 건 무언가 기억나고 있다는 신호입니다.

기억하다

팬시용품을 디자인하는 지인이 이런 말을 하더군요. 매장에서 사람들의 행동을 살펴보면 한 가지 재밌는 사실이 있답니다. 어떤 제품을 들고 3분 이상 고민하는 사람의 경우, 사지 않을 확률이 70퍼센트라더군요. 팬시용품은 생활필수품이 아니기 때문에 충동 구매할 가능성이 높다는 겁니다. 살까 말까를 잰다는 건 '갖고 싶다'까지 선동하지 못했다는 것. 즉 눈엔 차는데, 머리가 제어한다는 말입니다.

사람의 눈을 홀리기는 쉽습니다. 관건은 머리로 들어가는 데 있지요. 사람들은 사물을 눈으로만 보는 것이 아닙니다. 머리로도 봅니다. 음식 또한 입으로만 먹는 것이 아닙니다. 머리로도 맛봅니다. 사람들은 이야기를 귀로만 듣는 것이 아니고요. 머리로도 듣습니다. 모든 것을 머리로 가져와서 결정합니다. 그 가운데 인상적인 것들을 머리는 오래도록 기억합니다. 기억은 눈덩이와 같습니다. 눈덩이는 굴릴수록 부피가 커지고 단단해집니다. 구르면서 점점 많은 눈을 붙이기 때문이지요. 지금부터 기억하는 데 효과적인 눈뭉치를 만들어볼까요?

다음 세 가지를 길들이면 요긴할 겁니다. 첫째, 대상이나 사실을 사물과 연결해서 기억해보세요. 기억은 추상적인 것이어서 쉽게 사라집니다. 그래서 구체적인 사물과 연결하면 오래 남습니다. '이름표'를 붙이는 겁니다. 저는 명함을 활용합니다. 처음 만날 때 명함을 주고받잖아요. 시간이 지나 명함을 다시 보면 누가 누군지 모르는 경우가 많지요. 특히 여러 사람을 만난 날은 더 난감합니다. 저는 명함을 받으면 그 자리에서 상대방의 특징을 적어둡니다. 눈에 띄는 사물이 있다면 금상첨화죠. 뭐든 반복하다보면 익숙해진다지만, 초면은 언제나 서먹합니다. 이런 일이 있었어요. 한 전자제품 회사의 담당자와 첫 회의가 있던 날, 저는 그녀 다이어리 사이에 있는 하얀 면손수건을 화제 삼았습니다. '갓난아기가 있느냐'는 저의 질문에 그녀가 놀라더군요. 손수건을 가리키며 '아기 있는 집에만 있음직한 물건'이라며 서로 웃었더랬지요. 이후 만날 때마다 아기 안부를 묻게 되면서 자연스럽게 친분이 쌓였습니다. 그날 받은 그녀 명함에는 이렇게 적혀 있네요. "면손수건, 아기 생일 ○월 ○일." 사물과 연결한 기억은 오래 갑니다.

둘째, '촉이 온다' 싶은 건 무조건 저장하세요. 저는 기억할 만한 게 보이면 수첩이나 폰에 적거나 사진을 찍어둡니다. 기록하는 습성 탓에 제 가방엔 A4용지 반쪽만 한 수첩이 항상 들어있습니다. 기록하는 행위가 기억을 유지하는 데 좋다지요. 사람마다 기록하는 방법도 여러 가지일 겁니다. 손으로 쓰기, 노트북에 타이핑하기, 화면 캡처하기, 사진 찍기가 그러합니다. 이 가운데 손으로 직접 쓰는 방법이 가장 효과적이라고 하더군요. 메모광의 한 사람으로서 수첩 활용을 적극 추천합니다. 기억을 돕우는 덴 텍스트뿐만 아니라 이미지 또한 요긴해요. 이미지는 머릿속에 잔상을 남깁니다. 글보다 사진이나 그림을 잘 기억하는 이유가 이 때문입니다. 언젠가 검색하다가 '영광 뒤에 감춰진 발'이란 제목의 사진을 본 적이 있습니다. 축구 선수 박지성, 발레리나 강수진, 피겨 스케이팅 김연아의 발이었어요. 굳은살과 상처투성이 사진들이 고된 훈련을 묘사한 글이나 장면보다 강렬했습니다. 이미지는 발상에 유용한 촉매제입니다. 다양한 이미지를 수시로 수집하는 습관도 좋고요, 특히 출사를 제안합니다. 사진을 찍으면 안목이 높아지거든요. 피사체와 주변의 관계, 돋보이게 하는 구도, 개체 간 색깔의 조화를 고민하기 때문이지요. 이 밖에 텍스트와 이미지를 동시에 습득하기 좋은 습관도 있습니다. 도서관이나 서점을 정기적으로 다니는 겁니다. 저는 일주일에 한 번은 도서관에 가는데요, 먼저 하는 일이 있습니다. 분야 구분 없이 서가를 돌아다닙니다. 특이한 제목이 보이면 사진을 찍어두지요(무음 촬영 앱 필수). 이때 표지디자인도 함께 저장해요. 책 내용을 함축하는 제목과 대표 디자인은 따로 생각할 문제가 아니거든요. 서점도 걸맞은 공간인데요, 시기별 경향을 파악하기에 좋습니다. 요즘은 인터넷으로 책을 살 수 있습니다만, 서점이 주는 경험은 할 수 없습니다. 직접 가서 출판 흐름을 조망하고, 비교하면서 책 구경하시기 바랍니다.

마지막으로, 매일 '오늘의 단어'를 찾아보는 겁니다. 하루 중에 기억에 남는 단어를 떠올리고 관련 이미지를 붙여보세요. 반대로 장면을 찍고, 사진 제목을 파일명으로 저장하는 습관도 좋습니다. 제목 붙이기를 꾸준히 하면 어휘력이 커집니다.

이제 한 단계 높여볼까요? 글과 그림 두 경계가 없을수록 받아들이는 정보가 많아집니다. 이 방법을 응용해보세요. 단어카드로 이야기를 만들건데요. 저는 이것을 '단어심기 놀이'라고 부릅니다. 강의시간에 진행하는 과제인데, 학생들이 좋아하더군요. 예컨대 달, 태양, 비행기처럼 명사형으로 된 단어카드를 10개 정도 준비합니다. 뒤집어 펼쳐놓은 다음, 그중 5~6개 카드를 고르세요. 뽑은 카드의 단어로 이야기를 창작합니다. 선택한 단어가 반드시 들어가야 합니다. 그런 다음 이야기 주제를 한 줄로 요약합니다. 끝으로 배경까지 기획하면 완성입니다. 글과 이미지를 동시에 작업하기 때문에 쉽진 않겠지만 재밌을 겁니다.

이 밖에 오감으로 연상하는 습관도 요긴합니다. 다소 생뚱맞은 얘기를 몇 줄 쓸게요. 대부분은 제품 하나를 다 사용한 다음 바꾸잖아요. 저는 샴푸를 2~3개 번갈아가며 동시에 씁니다. 냄새 차이가 큰 제품들을 하루씩 바꿔 사용해요. 매일 다른 냄새로 기분을 다르게 만드는 거죠. 냄새로도 연상이 되거든요. 조향사를 예로 들면 이해가 쉽겠네요. 향수마다 영감에 관한 사연이 있다지요. 유명한 '샤넬 넘버 5'는 조향사 에르네스트 보Ernest Beaux가 러시아의 꽁꽁 언 호수에서 착안했다고 합니다. 어떤 조향사는 휴양지의 햇살에서, 밤바다의 공기에서, 아침의 진한 커피에서, 정원의 꽃과 숲속 나무에서 영감을 얻었다더군요.

사람은 걷고, 입고, 먹고, 맡고, 만나고, 느끼는 모든 과정에서 무언가를 기억합니다. 사물, 공간, 냄새로 기억을 떠올리는 행위는 우연이나 취향, 감각 때문만은 아닙니다. 경험이 기억하는 반응입니다. 사람은 각자의 기억을 가지고 살면서 그 기억만큼 감동합니다. 그러므로 간직할 만한 얘깃거리를 위해서 계기를 만들어볼 일입니다.

part 7.

본질의 힘은 셉니다

"난 사람의 얼굴을 봤을 뿐 시대의 얼굴을 보지 못했소.

시시각각 변하는 파도만 본 격이지. 바람을 보아야 하는데....

파도를 만드는 건 바람인데 말이오."

- 영화 <관상> 중에서

#본질 보기

등이라는 행성

충만한 그곳.
우리 모두는 한 사람의 등으로부터 왔다.

아파트 아랫층 할머니는 또 어린 손녀와 설전 중이다.

출근하는 막내딸 대신 손녀를 돌보는 그녀의 아침.

만날 녹록지 않다.

"우리 똥강아지, 오늘은 왜 퉁퉁이가 되셨나?"

손녀 등에는 자기 몸통만 한 어린이집 가방이 붙어 있다.

"업어." 양쪽으로 머리를 땡땡 묶은 계집아이 요구는 단호하다.

"주차장 한 바퀴만 돌고, 가는 거다." 할머니 다짐도 만만찮다.

손녀는 할머니의 조건을 수락했다. "함모니 이뻐요."

등을 사수했다는 승리감일까, 두 팔 뻗어 '야호'를 연호한다.

손녀는 가방을, 할머니는 그 손녀를 업었다.

언제나처럼 할머니의 등은 오늘도 풍요롭다.

계기 찾기

아주 먼 옛날, 그러니까 호랑이 곶감 먹던 시절부터 전해 내려오는 어부바 놀이. 이 놀이는 아기가 당당하게 누리는 호사입니다. 이 시절만의 특권이지요. 어부바를 보채는 아기들의 요구는 예나 지금이나 매한가지. 떼를 써도 이런 생떼가 없습니다. 그 막무가내가 이어져 내려오는 이유야 말해 뭐하겠습니까. 아기들은 본능적으로 등의 평화로움을 압니다. 좋은 것은 변하지 아요. 여전히 건재한 어부바가 바로, 그 증거랍니다.

표리관계

태도는 마음은 닮는다.

백화점 세일 기간이 으레 그렇듯, 인파로 북적였다.

한 청소 아주머니가 에스컬레이터를 뛰어내려갔다.

"죄송해요. 좀 바빠서요. 죄송합니다."

그 와중에 고무장갑 낀 손등이 한 여자의 옷깃을 살짝, 스쳤다.

그 여자의 눈이 희번덕댔다.

옷소매도 마구 털면서 성깔을 부렸다.

무언가 제 몸에 닿는 게 저리 싫은데 어찌 다니나 싶었다.

그녀 손을 잡고 있던 어린 딸이 제 어미를 올려다봤다.

'아이는 부모의 거울'이거늘, 그 교만이 두렵지 않소이까.

태도는 마음을 감출 수 없어서 무서운 것이다.

제겐 빵 만들어주는 셰프 동생이 있는데요, 그녀가 이런 말을 하더군요. "빵은 속이 예뻐야 겉도 예쁘다"고. 반죽이 좋아야 맛있는 빵이 나온대요. 결이 부드럽고 밀도도 촘촘한 빵 말이죠. 사람도 마찬가지 아닐까요. 겉과 결, 그 몸과 마음은 '따로'가 아니잖아요. 그래서 태도를 보면 속내를 알 수 있습니다. 인간됨이 좋은지, 나쁜지를요.

• 表裏關係 겉과 속, 안과 밖을 나눠서 생각할 수 없는 관계.

랄랄라 반찬

정직한 얼굴보다 위대한 유산은 없다.

동네 단골 반찬가게는 두 자매가 요리해서 파는 곳이다.

그녀들의 아버지는 정성껏 손님을 맞이하는 역할이다.

“우리 애들이 매일매일 깨끗하게 만들어요. 안심하고 드세요.”

눈길만큼 말길 고운 사람이 있을 진데, 이분이 그렇다.

한겨울이 되면 그의 인품이 드러난다.

함박눈이 쌓인 인도에는 새벽부터 또 하나의 인도가 생긴다.

눈을 쓸지 않아 생기는 빙판길 따위가 용납되지 않는 가게 앞.

옆 가게들까지 전부 빗질 된 인도를 보면서 이런 생각을 했다.

‘부모의 정직한 얼굴이 천 마디 훈계보다 낫다’.

계기 찾기

사람들의 얼굴은 각양각색입니다. 욕심이 붙은 얼굴, 시름 낀 얼굴, 심성 고운 얼굴. 의욕이 사라진 얼굴, 활력 넘치는 얼굴. 얼굴이라는 글자는 '얼'이 영혼을, '굴'이 길을 가리켜 '영혼의 길'을 뜻한다고 하지요. 얼굴은 그 사람의 본바탕입니다. 그래서 얼굴을 보면 살아온 궤적이 보인다고 하나봅니다.

꾼들의 바다

고수의 말은 덤덤하다.
과시도, 허세도, 장담도 없다.

낚시광인 지인을 따라 바다낚시를 한 적이 있다.

그때 나는 우럭 두 마리를 잡았다. 어복이 영 '꽝'은 아닌 모양.

낚시꾼들만 안다는 '입질'과 '손맛'을 쪼오끔 맛봤더랬다.

꾼들의 어록에 의하면 노련한 강태공일수록 '챔질'을 잘한단다.

낚시계의 명인과 범인의 소출 차이는 지엄했다.

옆자리의 아저씨. 매무새만 딱 봐도 '애들은 가라' 수준이다.

그의 어장은 생선들로 이미 만선.

"대물이네. 저거 몇 센티야? 솜씨 좋으시네." 찬사가 보태졌다.

"그저 운때가 맞은 거지요." 그가 짧게 응수했다.

숙련가의 아우라란 이런 것이다.

계기 찾기

꽃 사진을 잘 찍기로 유명한 김중만 사진작가. 한 강연에서 촬영을 재밌게 표현했습니다. 수동카메라로 찍는 일은 '라면 끓이는' 작업이라 했고, 디지털카메라로 촬영하는 일을 '컵라면 끓이는' 작업이라고 말하더군요. 그는 작품에 대한 고뇌를 과장하지 않았습니다. 온전히 무언가에 취한 사람은 압니다. '미치는' 순간을 말이지요. 아울러 고수는 압니다. 미치는 순간엔 기교가 필요 없다는 사실도요.

반드시, 제자리

인생사 알아야 할 것들은
유치원에서 다 배운다.

유치원에서 아이들에게 가르치는 '길 잃었을 때 3단계 규칙.'

'멈추기, 생각하기, 도와주세요.'

1단계 무조건, 제자리에 멈춰서서 기다리기.

2단계 내 이름, 부모님 성함, 집 주소, 연락처 10번 생각하기.

3단계 아이를 데리고 있는 어른이나 경찰관에게 도움 요청하기.

살면서 어느 순간, 방향을 잃었을 때 이 세 지침에 따를 것.

하나, 직진본능 사절. 일단 멈추기.

둘, 방향 전환. 현재 상황을 냉정하게 판단하기.

셋, 이정표 찾기. 앞선 사례나 주변 사람에게 조언 구하기.

불친절한 우리 삶에 친절한 유치원이 있다는 건 참, 다행이다.

계기 찾기

전진증후군이란 무조건 직진하는 본능을 말합니다. 그 이유는 사람의 눈이 앞을 향해 있는 신체구조 때문이라고 하네요. 아이들은 길을 잃어버리면 무서워서 아무 생각도 할 수 없게 되지요. 그래서 무작정 앞으로 걷는다고 하네요. 어디 아이만 그럴까요. 누구나 앞으로만 갑니다. 한 번쯤은 멈춰보세요. 제자리에 서서 현재 상황을 점검하는 일, 길을 잃었을 때뿐만 아니라 지친 자신을 돌볼 때도 효험이 있습니다.

작은 영웅

영웅이란 곁에서 나를 지켜주는 사람.

마이 히어로,

눈사람 이야기

아침 7시 아파트 입구 계단.

꼬마 아가씨가 세상 억울한 듯 울고 섰다.

"내 눙사람이 업떠. 업떠."

울음 범벅인 아기 말인즉, 자기 눈사람이 없단다.

어제 내가 퇴근하면서 본 난간 위의 눈사람.

아기 솜씨인가보다.

아기가 해와 눈의 섭리를 수긍할 리 없을 터였다.

이런 형국에 경비 아저씨의 번뜩이는 재치 한번 보소.

먼발치에서 급히 눈을 뭉쳐서 눈사람 하나를 데려오셨으니.

'눈사람이 숨바꼭질 하고 있더라'는 농까지 얹어서 말이다.

마이 히어로,

풍선 이야기

하늘이 바다인 양 파랗고 파란 가을 하늘.

10월의 하늘로 파란 풍선 하나가 날아오르려던 참이다.

제 것을 놓친 아기가 올라가는 풍선을 보며 빽빽 울었다.

옆을 지나던 어른들이 저마다 뜀박질했다.

그러다가 한 남자가 벤치 위로 올라가 펄쩍 솟구쳤다.

잽싼 동작이 풍선을 잡아챘다.

아기는 제 손에 풍선줄이 닿자, 푸지게 웃었다.

사람들의 가슴엔 작은 영웅이 산다. 동심을 지켜주는 영웅이.

계기 찾기

영국 록밴드 콜드플레이ColdPlay의 노래 '섬씽 저스트 라이크 디스Something Just Like This'에는 수많은 영웅이 나옵니다. 아킬레스, 헤라클레스, 스파이더맨, 배트맨, 슈퍼맨. 가사 속 주인공은 어릴 적에 '슈트를 펼치며 날아오르는 슈퍼맨'을 좋아했습니다. 어른이 된 그가 이렇게 말합니다. '나는 그런 슈트가 맞는 사람이 아니었다'고. 영웅이 아니라며 낙담하는 남자에게 한 여자가 속삭입니다. '슈퍼히어로의 재능이나 초인적인 능력보다는 내가 힘들 때 기댈 수 있는 지금의 너로 충분하다'고 말입니다.

달달한 명약

앓던 모든 것을 낫게 하는 주문, 사랑.

정신은 분명, 육체를 점령한다.

그러므로 머리에도 달달한 알약이 필요하다.

어깨 부상으로 근심하는 고교 선수에게 주치의가 물었다.

"하루에 한 번씩 엄마에게 사랑한다고 말하니?"

"아니요." 살짝 미소가 번진다.

"그거구나, 아픈 이유가. 매일 주문을 외워야지.

'사랑해요' 이렇게. 꼭 해라. 금세 나을 거다."

봄바람 불던 날, 그녀는 세상 하나뿐인 특효약을 처방받았다.

약의 효능은 이러하다. "사랑은 몸에 좋다. 정신에도."

계기 찾기

제 딸아이는 자유형 장거리 수영 선수입니다. '물개'라는 별명을 좋아하고, 물 냄새에 익숙하고, 물에서 제 역할을 챙기는 아이지요. 체육고등학교에 입학한 지 한 달 만에 어깨에 탈이 났습니다. 선수에게 부상은 치명적이죠. 어깨 치료하는 1년 동안 자신의 주 종목을 뛰지 못했습니다. 경쟁자들은 기록을 줄여나가는데, 자신만 뒷걸음질인 시간. 어느 대회가 있던 날, 관람석에서 자유형 800미터 경기를 보던 딸아이가 혼잣말을 하더군요. "나도 뛰고 싶다." 그런 녀석이 '사랑'이라는 말에 기운을 내데요. 사랑이라는 말보다 옹골찬 말은 없습니다. 그래서 사람은 사랑 받을수록 짱짱한가봅니다. 사랑, 무조건 퍼주고 볼 일입니다.

가장의 무게

가장 어려운 짐을 진 대장. 바로, 가장.

회식 후, 대리기사님을 기다리고 있었다. 한 남자의 통화.

“괜찮아, 대리 몇 번 더 뛰면 돼. 다음 주에 사준다고 해.”

전화를 끊은 남자가 달려왔다. “안녕하세요, 대리 부르셨지요?”

내가 ‘조금 전 통화 내용이 들렸다’고 말했더니, 그가 웃었다.

“아낸데, 다섯 살짜리 쌍둥이들이 갖고 싶어하는 게 있대서요”

이 가장의 사연은 이러하다. 다니던 중소기업이 문을 닫았다.

급한 대로 오전, 오후, 밤, 새벽 네 개의 아르바이트를 한단다.

초조해하지 말자고, 어두워지지 말자고, 매일 외운다고 했다.

가장이 가족을 책임지는 일. 거 참, 외로운 일이다.

계기 찾기

인생에는 자신이 붙이지 않아도 생기는 이름이 있습니다. 가장이라는 이름이 그래요. 누군가를 책임지는 순간부터 그 이름은 저절로 하사됩니다. 한번 생기면 없어지지 않는 이름. 일어설 힘이 없어도 일어서야 하는 이름. 사람이 사람을 책임지는 이름이란 그런 겁니다.

건축의 인상

건축의 기능은 보호,
건축의 완성은 온기.

교수님이 강조하시길, 건축에서 중요한 두 가지는 구조와 재료.
그리하여 기말시험에 출제된 주관식 문제는 다음과 같았다.
"가장 훌륭한 건축물 두 개를 쓰시오."

나는 책에 나온 여러 건축물을 차치하고, 이렇게 썼다.
가장 훌륭한 건축물 두 개는 '우산'과 '둥지'다.

1. 우산의 구조적 측면

우산을 펼치면 건축물의 기본 구조인 천장, 기둥, 바닥이 완공.
공간의 완성은 사람이니, 우산 안에 그들이 있다면 더할 나위 없음.

2. 둥지의 재료적 측면

둥지는 생태학적이며 친환경적임.

미학적으로도 수려함.

건축공학적으로는 견고함.

시각적으로 자연스러우며, 심정적으로 편안함.

계기 찾기

지난 2008년 2월 10일 숭례문이 불타는 장면을 보아야 했습니다. 이어령 선생께서 이런 말씀을 하셨더군요. "화재로 소실되기 전에는 숭례문이 그저 돌과 나무로 된 건축물일 뿐이었지만, 저것이 내 살이고 피라는 사실을 절감하게 되었다." 그렇게 모두들 이곳에 숭례문이 있었음을 실감했지요. 지붕이 붕괴되자 사람들은 정지했습니다. 돌이킬 수 없는 참담함, 보호하지 못했다는 죄스러움 때문이었습니다. 평소에는 그저 그랬던 숭례문 안에 우리가 살고 있었던 겁니다. 보이던 숭례문이 사라지자 보이지 않던 보호막이 보이기 시작했습니다. '늘 그 자리에 있었음'을 통감했고 본래의 풍채가 재건되길 기도했지요. 같은 하늘을 쓰며 함께 살아온 온기를 확인하면서요. 이 땅 상처받은 모든 것들이 더 야물어지길 바라봅니다.

노배우의 땀

혼신을 다하는 자의 땀은 울림이 크다.

봄볕이 유난하던 대학로 한복판. 남루한 차림새의 노인이 서 있다.
연극 〈노인과 바다〉에서 어부를 맡은 배우가 거리 홍보에 나선 참이다.
그 자태가 당시 여섯 살이던 딸아이의 호기심을 샀다.
결국, 공연을 보러 갔다. 아이가 직접 선택한 첫 연극이었다.

우리는 소극장의 계단식 좌석, 첫째 줄 중앙에 나란히 앉았다.
불이 꺼졌다. 잠시 뒤 어부와 소년이 등장했다.
딸은 공연 초입부터 노인을 주목했다.
배우의 음성, 호흡, 표정 그 모든 동세를 아이는, 놓치지 않았다.

클라이막스인 노인과 상어의 사투 장면이 끝나고 정적이 흘렀다.

노인의 가쁜 숨소리가 극장을 메웠다.

땀에 젖은 노배우가 아이 앞으로 걸어왔다.

그의 땀방울이 아이 신발 앞코에 뚝! 떨어졌다.

딸아이는 미동도 없이 땀자국을 응시했다.

노배우도 아이에게 시선을 떼지 않고, 다음 대사를 이어갔다.

계기 찾기

책 제목을 살펴보면 인상적인 제목이 많아요. 제목에 끌려 읽게 된 소설이 있는데요. 벨기에 작가 베르나르 키리니의《첫 문장 못 쓰는 남자》도 그중 하나. 이 소설은 소설가가 첫 문장과 벌이는 고투를 보여줍니다. '처음'이 주는 부담이란 비단, 소설가만의 문제는 아니지요. 첫. 이 접두사는 마음을 설레게 만들기도 하지만, 근심도 거듭니다. 첫 책, 첫 여행, 첫 요리, 첫 만남……. 이 세상 모든 처음은 어렵고, 두렵고, 신중해지게 마련입니다. 처음 열리는 그 세계가 햇볕으로 따듯할지, 바람이 매서울지,

폭풍우가 몰아칠지 알 수 없으니까요. 그래서 처음은 항상 두근거리나봅니다.

친애하는 사치

자연은 눈을 홀렸다가,
황홀로 들어가는 묵약.

제주 둘레길

인천 강화나들길

담양 메타세쿼이아길

기장 아홉산숲 갈맷길

하동 쌍계사 십리벚꽃길

양산 통도사 소나무숲길

부산 범어사 등나무숲길

평창 월정사 전나무숲길

자연 속을 다녀가면 설렘이 생기지.

사람을 살짝 미치게 하는 어떤 다행. 장소가 하는 일이다.

계기 찾기

아름다운 장소는 사람의 마음을 벅차게 합니다. 자연은 사람에게 햇살과 공기, 온도, 물기, 색깔, 냄새 제 것을 아낌없이 다 주잖아요. 자연에서 기분을 나누고 때를 보낸 사람은 잘 살아가게 돼 있습니다. 그러니 아름다운 것들은 아무것도 마르지 않았으면 좋겠습니다.

공부하다

저는 일을 하면서 강의도 겸하고 있습니다. 강의하는 입장에서는 조금이라도 아는 게 있어야 운을 뗄 수 있지요. 그래서 공부하려고 노력하게 됩니다. 그러고 보니 제 공부를 위해서 강의의 도움을 받았다는 말이 더 정확할 듯합니다. '사람은 가르치며 배운다'는 이유가 그래서인 모양입니다.

"사람은 왜 공부해야 하는가?"

누구나 평생 이 질문과 마주합니다. 공부의 역할은 안내서를 만드는 거라 생각합니다. 살다보면 이러저러한 문제에 부닥치게 되지요. 그때마다 적합한 길을 찾기 위해서 공부하는게 아닐까 생각합니다. 지금부터 공부라는 문제로 들어가 보겠습니다.

공부에도 지식을 위한 공부와 업무를 위한 공부가 있습니다. 두

개를 나누어 살펴보도록 하지요.

지식을 쌓기 위한 공부는 탐색, 개관, 연구, 사색의 과정을 거칩니다. 탐색은 정보를 찾아가는 일입니다. 책, 영화, 답사 모든 분야나 경험을 통해 새로운 정보를 얻을 수 있어요.

정보를 모았다면 다음, 개관의 단계로 갑니다. 신축 건물을 공사 중일 때 붙여두는 이미지를 한 번쯤 보셨을 겁니다. 건물 전체를 하늘에서 내려다보는 그림, 이것을 조감도라고 합니다. 개관이란 전체를 보는 조감도와 같습니다. 개관 단계에서 자신이 아는 것과 모르는 것, 잘된 것과 잘못된 것을 점검할 수 있습니다.

모든 파악이 끝났다면 연구 단계로 넘어갑니다. 집중적으로 땅을 파는 과정입니다. 주제를 파고들어가는 겁니다. 연구를 하다 보면 다른 갈래가 보이고 시야도 넓어집니다. 지식의 '꼬리 물기'라고 생각하면 쉽습니다.

끝으로 사색의 단계입니다. 언젠가 빅데이터 관련 세미나에 참석한 일이 있습니다. 한 기업에서 재밌는 이야기를 하더군요. '졸음이 몰려오는 마의 시간'을 조사했답니다. 디저트 제품의 광고 컨셉을 기획하기 위해서 빅데이터를 활용했다지요. 그 결과 '월요일 오후 2시 18분'을 도출해냅니다. 이 자료를 기반으로 '나른할 때 먹는 디저트'란 콘티를 만들었다네요. 최근 한 온라인 쇼핑업체도 빅데이터를 기반으로 기획 방향을 모색했습니다. 접속량이 가장 많은 밤 시간대를 추출해서 이벤트를 늘렸다죠. 세상에는 많은 데이터가 있습니다만, 실제 가치는 데이터 분석입니다. 데이터로 시대 흐름을 발견하고, 데이터로 사람들의 생각을 이해해야 합니다. 공부의 효용은 현상을 해석하는 사색 단계에 있다는 결론입니다.

지식을 채우기 위한 공부가 끝났다면 이제는 실전입니다. 지식을 업무에 적용할 때 다음 세 가지를 유념해야겠습니다. 기간, 실행, 조정 능력이 그것입니다.

첫째로, 시기는 마감을 정하는 일에서 시작합니다. 학업과 업무의 차이는 마감기간이 있다는 점입니다. 자신이나 팀이 할 수 있는 일인지, 작업기간 내 가능한지, 비용은 얼마가 소요될지를 판단해서 결정해야 합니다. 욕심과 능력은 별개입니다. 지식을 쌓는 덴 한계가 없지만, 업무는 다릅니다. 자신의 환경과 한계를 고려하지 않은 판단은 향후 거래까지 날려버릴 수 있음을 명심하세요.

다음은 실행입니다. 자신이 결정한 방향을 의심하지 말고 추진해야 합니다. 여기서 중요한 태도가 '정성'입니다. 영화 〈역린〉에서《중용》23장을 언급한 대목이 있습니다.

"작은 일도 무시하지 않고 최선을 다해야 한다. 작은 일에도 최선을 다하면 정성스럽게 된다. 정성스럽게 되면 겉에 배어나오고, 겉으로 드러나면 이내 밝아지고, 밝아지면 남을 감동시키고, 남을 감동시키면 변하게 되고, 변하게 되면 생육生育 된다. 그러니 오직 세상에서 지극히 정성을 다하는 사람만이 나와 세상을 변하게 할 수 있는 것이다."

정성스러운 사람에게는 운도 와줍니다.

끝으로 가장 어려운 대목, 조정 능력입니다. 실행 과정에서 여러 가지 문제가 생깁니다. 현실적인 문제로 방향을 바꿔야 한다면 방법의 전환도 선택해야 합니다. 여기서의 조정은 깨뜨리는 게 아니라, 풀어내는 데 목적이 있습니다. 조정할 수 없다고 의심하면 안 됩니다. 만약 부정적인 생각이 든다면 일만 보세요. 예컨대 일을 하다보면 상대방과의 의견 다툼이 문제 되는 경우가 많습니다. 그럴 땐 일의 본질을 보면 해결하기 쉽습니다. 이

견이 있다는 건 각자 그만큼 최선을 다하고 있다는 의미지요. 감정적인 부분을 빼고 일에 중심을 두면 충분히 맞춰갈 수 있습니다.

사람들이 공부해야 하는 이유는 각자의 서랍을 갖기 위해섭니다. 살다가 답이 필요한 순간 꺼낼 서랍을 준비하는 겁니다. 그러므로 지금 공부하지 않는 자들은 모두 유죄입니다.

부록

열네 가지의 질문

이 장은 학생들이 많이 하는 질문 열네 가지를 묶었습니다.
해당 내용을 정리한 열네 단어는
'책, 말, 대화, 현실, 생각, 루틴, 관점, 여백,
취향, 태도, 습관, 시선, 숫자, 희망'입니다.
각각의 단어는 연관성이 없습니다.
콘텐츠 기획 디자인에 국한된 내용도 아닙니다.
살면서 꼭 기억해주었으면 하는 당부로 읽어주세요.
열세 단어에 담긴 저의 바람이 한 사람에게라도
어떤 계기가 된다면 기쁠 겁니다.

책

생각하는 일이 직업인 사람들은 이렇게 묻습니다.

———— "제 아이디어가 점점 비슷해져서 고민이에요."

———— "지금 가방 안에 있는 물건들을 책상 위에 올려보세요. (학생의 책 한 권을 들어보이며) 단, 한 명. 여기 수십 명의 학생이 있는데, 가방에 책이 든 학생은 한 사람뿐이네요. 여러분이 제출한 과제를 읽어보면 대부분 내용이 비슷해요. 웃는 걸 보니 이유를 다들 아는 모양이군요. 학생 대부분이 내용을 복사해서 붙이니까 비슷할 수밖에요. 검색으로 시작해서 검색으로 끝내는 일명, '검색러'들이니까. 가져다 붙이는 게 어디, 과제뿐이겠습니까. 한번 생각해보세요. 유행도, 취향도 비슷하지 않나요?

같은 맛집을 공유하고, 같은 옷을 패션이라 모두들 개성을 말하지만 비슷해지고 있어요.

1년 동안 전 세계 출시되는 브랜드가 대략 3만 개라고 하더군요. 하루에 약 100개꼴이니, 엄청난 숫자죠. 그 많은 브랜드가 살아남기 위해서 어떤 판을 만들까요? 그들은 편집한 문화를 팝니다. 지금 우리는 생산자가 편집해놓은 소식을 보는 거예요. 다시 말해 정보를 편식하는 셈이지요. 골라주는 정보는 쉽고, 빠르고, 편하고, 훑어보기에 편해요. 시대의 특혜지요. 반면, 여러분의 사고는 깊어지지 않아요. 이건 폐해죠.

세상에 있는 콘텐츠의 양은 거대합니다. 아마존이 5만 개, 넷플릭스는 7만 8,000개의 카테고리가 있다고 들었습니다. 그럼에도 아직 특별해지지 못해서 특별해질 수 있는 것들이 많습니다. 누구나 아는 정보가 아니라 각자의 콘텐츠가 그것이지요. 특별한 나만의 콘텐츠를 갖는 최고의 방법이 바로, 책에 있습니다. 책을 읽어야 자립적인 '나'가 생겨요. 오롯한 나의 생각이 있는 나 말이에요. 누군가가 판단하고 해석한 편집본을 먹으면 '나'가 자라지 못합니다.

책을 읽는다는 건 능동적인 행위입니다. 직접 찾아보고, 생각해야 가능한 일이니까요. 독서는 깊이 파고들어간다는 점에서 검색보다 우월합니다. 지금도, 앞으로도 책이 답입니다. 책에서 콘텐츠를 찾고, 각각을 새로 맞춰보세요. 이름을 붙이자면, '콘텐츠 모자이크화'라고 할까요? 콘텐츠 조각조각이 채워질수록 그림이 달라질 거예요. 생각해보세요. 사람마다 책을 보고 느끼는 부분이 모두 다른데, 그 조각들이 어떻게 조합될지 누가 알겠어요? 그런 점에서 아직 조합되지 않는 콘텐츠는 무수합니다. 세상에 나온 적이 없으니까 그런 것들은 저작권도 없을 테고요. 책만 펼치면 블루오션의 기회가 둥둥 날아다니는데 설레지 않나요? 아이디어란 '있는 것'과 '있는 것'을 잇는 순발력입니다. 도전해보세요. 그럼 저는 아직 세상에 없는 것들을 여러분에게 기대하고 있겠습니다."

말

신입생들에게 '앞으로 어떤 일을 하면서 살고 싶은가'라고 물어보면 10명 중 7명은 이렇게 답합니다.

——— "저는 돈을 벌기 위해서 일하지는 않을 거예요. 보람과 가치 있는 일만 하고 싶어요."

——— "1학년 새내기들이 있으니 파릇파릇하네요. 뛰고 싶을 때 뛰고, 뛰고 싶지 않을 때 안 뛸 수 있다면 너무 좋겠죠. 누구나 보람되고 가치 있는 일이 '일다운 일'이라고 생각해요. 그런데 제가 삐딱한 추임새 한 자락을 얹자면, '단언하지 마라' 라고 하겠습니다.

유대인 속담에 '입속에 있는 말은 내 노예, 입 밖으로 나온 말은 내 주인'이란 말이 있어요. 우리 속담에도 말에 관한 일침이 많죠. '혀 속에 도끼가 들었다', '세 치 혀가 무섭다' 또, '말 속에 말이 있다' 등등. 돈을 벌기 위해서 일하지 않겠다고요? 딱 자르지 마세요. 살다보면 자신이 뱉은 말 때문에 마음이 앙상해질 수도 있더라고요.

사람은 누구나 겪고 싶지 않은 것도 겪어요. 하고 싶지 않은 일도 하게 되고. 어쩔 수 없이 해야 할 때가 꼭 있어요. 어떻게 말간 날만 있겠어요? 비도 오고, 눈도 오고, 갑자기 와다닥 우박도 내리고, 천둥도 치고. 자연의 섭리가 그래요. 누구나 무언가를 이해하려면 그 시간을 지나봐야 알게 돼요. 그러니 미리 일과 돈, 가치를 나누지 마세요. 돈을 벌다가 보람이나 가치를 느끼기도 하고, 가치 있는 일을 하다가 돈을 벌기도 하니까요. 때론 가치 있는 일에 돈이 따라오지 않을 수도 있지만요. 그건 그때 가서 판단해요. '보람 있다면 대가를 기꺼이 포기할 수 있는가'라는 지점은요.

만약 그런 상황이 닥치면 지금 이 시간을 떠올려보세요. 그때의 마음과 지금의 마음을 비교해보는 겁니다. 분명한 건 학생인 지금과 사회인이 된 훗날 내리는 선택은 분명 다르다는 사실입니다. 지켜야 할 게 생기면 선택 기준은 달라집니다. 시간이 흘러서도 마음이 달라지지 않았다면 그 소신대로 실천하면 됩니다. 만약 달라졌다면 그 다름 때문에 자책하거나 잘못된 판단을 하지는 마세요. 살아보니 인생 길어요. 그러니 일의 가치를 매기는 일은 유보하셔도 괜찮습니다."

대화

화술도 능력인 세상. 말이 곧 밥벌이인 자들에게 대화란 늘 난관입니다.

________ "저는 회의 중에 싸우는 일이 많아요. 토론하는 일이 어려워요."

________ "질문의 제목을 '대화의 기술'이라고 정리할게요. 대화를 잘하려면 세 가지 지식, 말투, 학습이 필요합니다. 우선 지식부터 들어가보죠.
저는 클라이언트를 만나야 하는 입장이다 보니 사람과 말하는 건 두렵지 않아요. 그런데 딱 한 부류의 사람에겐 기가 눌려요. '독서광 어르신'이요. 그런 분들은 말로 대적할 수가 없어요. 지식과 지혜가 다 있거든요. 책을 많이 읽으신 분들은 지식도 기본이고, 이치를 헤아리는 지혜까지 있어요. 책에서 얻은 '앎'과 세월의 더께만큼 '삶'이 다 밴 거죠. 반대로 매력 없는 사람도 있지요. 5분 대화하고 나면 할 말이 없어지는 사람이 그렇죠. 앎도 삶도 없는 사람과 무슨 대화를 할 수 있겠어요. 옛말에 '건더기가 많아야 국물이 난다'고 했습니다. 필요한 조건을 갖춰야 성과가 난다는 의밉니다.

토론도 지식이 있어야 가능해요. 무엇이든 많이 보세요. 그런 다음 생각하시고요. 자신이 알아야만 여유가 생겨요. 여유가 있으면 방어하지 않아요. 상대방의 말도 경청하게 되지요. 시험 직전을 한번 떠올려보세요. 충분히 공부했을 때와 그렇지 못했을 때 어느 쪽일 때 자신이 더 뾰족해지던가요? 상대방 의견을 무조건 공격하거나 부정한다는 건 자신의 빈곤이 탄로 날까봐 방어하는 거예요. '독서는 훌륭한 스승'이라는 댓글 하나 붙이고, 다음으로 넘어가죠.

대화에서 중요한 부분이 말투입니다. 대화를 계속하고 싶게 만드는 무기가 말투라고 해도 과언이 아닙니다. 누구나 타인의 목소리를 듣기만 하죠. 정작 자신의 목소리는 들을 기회가 없습니다. 그래서 자신의 말투를 모르는 경우가 대부분이죠. 상대방을 평가하기 전에 자신의 말투를 확인해보세요.

제 경험을 잠깐 언급하자면, 한때 인터뷰 기사를 써야 할 때가 있었어요. 보통 대화를 녹취하잖아요. 그걸 들으면서 글로 풀어내는데요, 그 과정에서 제 음성도 듣게 되지요. 저의 소리를 처음 들었을 때 놀랐어요. 말의 높낮이, 크기, 속도뿐만 아니라 어떤 감정이었는지, 얘기를 잘 듣고 있는지도 짐작하겠더군요. 상대방은 제가 느낀 점들을 저와 대화하면서 이미 알았을 거예요. 이후 대화할 때 조심하게 되더라고요. 좋은 경험이었습니다. 여러분도 꼭 한번 해보시길 바랍니다.

끝으로, 토론 프로그램이 좋은 학습이 됩니다. 매번 토론을 직접 할 수는 없잖아요. 토론을 하려면 시간, 사람, 장소, 주제를 마련해야 하는데, 간단한 일은 아니죠. 저는 토론 영상을 자주 봅니다. 패널들을 보면서 대화하는 기술을 익혀요. 언급된 관련 정보도 찾아서 공부하고, 실제 대화에 적용도 해봅니다. 패널들을 보면서 그들의 억양, 말투, 속도, 태도를 학습해요. 좋은 점이 있으면 눈여겨보고, 거슬리는 부분은 '조심해야지' 하고 기억하고요.

지금까지 언급한 세 가지를 꾸준히 실천해보세요. 100개에서 92개쯤은 이기는 토론이 가능할 겁니다."

현실

기획은 현실과 이상의 괴리를 확인하는 일입니다.

_______ "기획자는 현실적인 요소를 얼마나 감안해야 하나요?"

_______ "완전히요. 무조건 현실에 맞춰야 합니다. 여러분은 여행에 관심이 많으니까 '에어비앤비' 아시지요. 광고 구호가 '여행은 살아보는 거야'더군요. 여행과 일상에 경계가 없는 거죠. 요소끼리 잘 섞이면 경계는 사라져요. 모든 기획은 현실과의 경계가 없어야 합니다. 그래서 기획의 첫 단계는 현실을 파악하는 일입니다. 현재 주어진 조건을 검토하는 일이 먼접니다. 상황을 '재고관리'한다고 할까요? 재고관리란 '내가 가진 것, 필요한 것, 불필요한 것'을 파악하는 일이지요. 그러니까 현실적인 조

건에서 가질 것과 버릴 것 또는 할 수 있는 것과 할 수 없는 것을 확인해야 합니다.

기획은 타협하는 게 아니라 판단하는 일입니다. 가령, 네모반듯한 상자가 있다고 가정해봅시다. 이건 바꿀 수 없는 조건이에요. 바꿀 수 없다는 건 바뀌지 않는다는 의밉니다. 조건에 부합하지 않는 원형이나 삼각형은 아무리 내용과 외형이 좋아도 소용없어요. 여러분이 사회에 나가서 일을 하다보면 처음엔 이런 말을 많이 듣게 될 겁니다. '여기가 학교냐, 너 꿈꾸느냐, 아주 그림을 그려라, 이 비용은 대체 어디서 나오는데?'라는 말폭탄을 맞을 겁니다. 이 질책의 핵심은 현실성이 없단 얘깁니다. 마치 놀이동산에 드레스를 입고 가는 꼴이랄까요. 기획은 현실에 기반한다는 사실, 절대 빼먹지 마세요."

생각

아이디어는 세상 밖으로 튀어나와야 아이디어입니다.

——— "생각은 많이 하는데, 매번 생각에서 끝나요."

——— "최근에 들었던 질문 중에서 제일 재밌네요. '생각이 생각으로 끝난다'는 말을 들으니까, 건축 현장에서 목수들이 하는 농담이 생각났어요. 그분들이 자주 하시는 농담 중에 '어제 밤새 집을 수십 채 올렸다가 허물었다'는 말이 있어요. 현장 인부들은 건물이나 내부를 설계도면 그대로 짓지만, 자신의 생각을 보여주지는 못해요. 그들이 종이 나부랭이라고 부르는 '도면'을 설계하지 못하는 경우가 대부분이거든요. 목수들의 농담은 바로 그 점을 가리킵니다. 이것저것 생각은 많은데, 보여줄

수 없다는 뜻입니다.

누구나 생각을 해요. 다만, 그 생각을 키우는 사람이 드문 거지요. 생각 중에 발전시킬 만한 것을 '아이디어'라고 부릅니다. 아이디어에 대해 재밌는 통계를 본 적이 있는데요, 이것이 사업에서 차지하는 비중이 0.01퍼센트도 안 된대요. 실행하는 사람이 그만큼 적다는 뜻입니다. 예를 들어볼게요. 야채 중에 상추가 비교적 쉽게 자란다더군요. 여기서 비교적이란 단어에 주목해 보죠. 쉽다고 해서 모두 재배할 수 있단 얘기가 아닙니다. 사람들에게 상추 씨앗을 준다고 해서 모두가 수확하는 건 아니잖아요. 간단한 상추 재배도 이럴진대, 생각을 키운다는 건 어려운 일이죠. 생각이 씨앗이라면, 그것을 성장시키는 건 또 다른 국면이에요.

그렇다면 최초의 질문으로 돌아가서 생각을 생각으로만 끝내지 말고 발전시키는 방법을 한번 보죠. 평소 생각의 꼬리를 잡아보세요. 꼬리에 꼬리를 무는 거지요. 아이디어의 뼈대는 '연결'입니다. 사물이나 생각을 연결하는 겁니다. 아이디어가 만든 재밌는 예를 하나 살펴보죠. '애완돌'이라는 말 들어보셨나요? 《샬롯의 애완돌》이라는 동화책이 있어요. 소녀 샬롯이 반려동

물을 키우고 싶어하는데요, 부모님들이 반대해요. 대신 돌을 선물합니다. 샬롯은 돌에게 '달'이라는 이름을 지어줘요. 같이 산책도 하고, 대화하면서 친구가 되지요. 동화책에서만 있는 일이 아닙니다. 실제로 애완돌이 온라인에서 판매되고 있어요. 지름 10센티미터 기준으로 1~2만 원대라고 하더군요. 애완돌용 브러시와 손수건, 산책용 목걸이, 가죽옷도 인기라지요.

21세기 레오나르도 다빈치라 불리는 스티브 잡스가 이렇게 정의 내렸습니다. "창의란 사물들을 조합하는 능력이다." 아이디어를 연결하면, 새롭게 결합됩니다. 아이디어는 보지 못한 것들을 보이게 하니까요. '꼬리 물기' 놀이하듯 연결해보세요. 재미와 의미가 갑자기 툭, 날아올 때가 있을 거예요. 이 두 가지가 동시에 꿈틀대는 신호, 생각만 해도 즐겁지 않나요?"

루틴

한 기업의 기획홍보팀. 직원들의 질문에는 실무의 압박감이 묻어납니다.

———— "프레젠테이션을 앞두고 있거나 업무 마감일이 다가오면 초조해져서 실수를 해요."

———— "초조함을 극복하는 비법이 있다면 얼마나 좋겠습니까만, 불안하다는 건 마음의 문제잖아요. 마음을 제어하는 방법은 긴장을 다른 곳으로 돌리는 게 가장 효과적이지 않을까 싶습니다. 우선은 자신의 몫을 철저히 해낸 다음 이렇게 한번 해보시지요. 루틴, 아시죠? 저는 루틴을 이렇게 생각해요. '믿는 구

석'이라고. 루틴routine은 컴퓨터 용어라지요. 컴퓨터가 특정 작업을 실행하도록 지정하는 명령입니다. 어원은 '가야 할 거리' 또는 '길'을 뜻하는 루트route에서 나왔대요. 이것이 스포츠에서 '선수가 압박감을 떨치기 위해 반복하는 동작'이란 의미로 쓰입니다.

선수들의 루틴은 종목마다 다양합니다. 예컨대, 한 테니스 선수는 경기 전에 양치질하고 입을 딱 6번만 헹군대요. 같은 종목의 또 다른 선수는 8자루의 라켓과 8개의 타월을 경기장에 들고 간다죠. 어떤 스피드 스케이팅 선수는 양말과 스케이트화를 반드시 오른쪽부터 신는다고 해요. 한 수영 선수는 입수 전에 스타트 블럭에 올라갔다 내려온다더군요. 대부분의 선수들은 경기 전에 제각각의 루틴을 실행합니다. 혹자는 루틴을 '의미 없는 징크스'라고도 합니다만, 다른 견해도 많습니다. 어떤 심리학자들은 긴장감을 해소하는 데 탁월한 방법이라고 말하더군요.

루틴은 뜻대로 되지 않는 상황에서 자신만의 부적을 꺼내는 거예요. 왜 그런 말 하잖아요. 겁이 없거나 자신감 넘치는 사람을 볼 때, '무슨 믿는 구석이라도 있느냐'고. 여러분도 믿는 구석을 만들어보세요. 저는 바짝 긴장할 때 껌을 입에 넣어요. 오물거리지는 않고 물고만 있는데요, 초조함이 가라앉더라고요.
모든 일엔 대책이 있으면 여유가 생기잖아요. 압박감을 달래거나 집중해야 하는 상황에서 믿는 구석 하나쯤 꺼내보면 어떨까 해요. 세상일이 계획대로, 바람대로 이뤄진다면 더할 나위 없겠지만, 일이란 게 어디 그렇던가요? 변수가 생기잖아요. 철저히 준비했다 하더라도 떨리는 마음이야 어쩌겠어요. 각자 할 수 있는 준비를 다 한 다음 루틴에게 가세요, 스윽."

관점

실무에서 가장 곤혹스러운 부분이 '갑'을 설득하는 일입니다.

______ "클라이언트에게 기획 의도를 설명하기가 어려워요."

______ "좋은 의도, 나쁜 의도, 진짜 의도, 숨은 의도, 정치적 의도. 여러 가지 의도를 말하고 보니, 평소 꽤 쓰는 단어네요. 무엇보다 실무자에게 어려운 게 바로 '기획 의도'지요. 의도의 사전적 의미는 '가고자 하는 생각이나 계획'인데요, 이것은 어디까지나 각자의 '입장'에서 출발합니다. 사람마다 입장이라는 게 여러 갈래잖아요. 그런 점에서 하나의 의도를 이해시킨다는 건 그야말로 난제지요. 더구나 입장 차이가 분명한 관계일수록 더 어렵고요.

소비시장에서는 생산과 소비라는 두 축이 생깁니다. 기획자는 만드는 쪽이니까 '생산자'에 속하고요. 만든 것을 쓰는 사람들은 '소비자'에 해당합니다. 생산자는 자신의 명분에 가치를 둡니다. 이것을 '컨셉'이라고 부르죠. 반대로 소비자는 재미를 추구합니다. 주관이 뚜렷한 생산자가 재미에 충실한 소비자와 교감하려니 어려울 수밖에요. 그럼에도 소통해야 한다는 게 숙제입니다. 숙제를 해결하려면 기획자의 역할이 중요합니다. 기획자는 생산자의 관점을 소비자의 언어로 바꾸는 기술자가 돼야 해요. 자신의 관점을 말로 이해시켜야 하는 기획자는 말하는 내용과 방식이 모두 중요합니다.

소비자를 이해시키려면 먼저 소비자와 통해야 합니다. 그래야만 소비자들이 납득하지 않겠어요? 왜 그런 분 있으시죠. 학식은 풍부한데 강의 내용을 잘 전달하지 못하는 선생님이요. 그런 강의는 외면받게 돼요. 그런데 그 원인을 자신의 잘못된 교수법에 두지 않고, 학생들의 낮은 학구열이나 수준으로 해석한다면 최악이죠. 생산자와 소비자는 바로 이런 관계예요. 생산 주체인 기획자는 자신의 의도대로 소비자를 당기는 사람입니다. 이 음식은 이러이러해서 맛있다고 설명하는 게 아니라, 듣고 나서 먹을 수밖에 없도록 만드는 거죠. 한마디로 홀려야 합니다.
타인을 설득하려면 우선 자신만의 관점이 필요합니다. 관점은 '이렇게 하면 된다'라고 요약할 수 있는 성질이 아닙니다. 관점은 보고, 듣고, 만지고, 생각하는 여러 과정에서 쌓이니까요. 건축가 한 분을 예로 들게요. 기적의 도서관을 설계한 고 정기용 건축가인데요, 2003년 순천 기적의도서관을 시작으로 진해, 제주, 서귀포, 정읍, 김해까지 7년 동안 총 여섯 개의 어린이도서관을 지었습니다. 그가 이런 말을 했어요.
'도서관 건립 취지는 어린이도서관 몇 개를 지어보자는 게 아니다. 아이들을 잘 키우자는 데 목적이 있다.' 이 건축가는 건축 의도를 구조로 설명하지 않습니다. 자신의 관점을 들려줍니다. 그것에 따라 우주, 무지개, 달팽이가 공간으로 등장합니다. 비밀의 하늘 정원이나 별나라 다락방을 구축합니다. 어때요, 건축가의 의도에 여러분도 동의하시나요? 확고한 관점을 설명하면 쉽게 풀립니다. 클라이언트를 설득하고 싶다면 자신만의 구체적인 관점을 보여주세요. 쉽게 해결될 겁니다."

여백

빼기에 약해지지 맙시다.

——— "기획한 대로 마감했는데, 최종 디자인이 조악할 때가 있어요."

——— "우스갯소리로 시작해볼까요. 동네 단골 과일가게를 갔는데, 사과 한 소쿠리에 이런 딱지가 붙어 있더군요. '반 땡! 못생겨서 몽땅 5,000원.' 흠 없는 사과는 1만 원이고요. 같은 사관데, 맛 값이 두 배 차이 나더군요. 자태 따라 과일 가격이 매겨졌네요. 과일조차 '기, 승, 전, 뷰티'인 세상에서 디자인은 아무리 강조해도 지나치지 않습니다. 프랑스 소설가 스탕달도 이런 말을 했다지요. '사랑이 싹틀 때까지 미모가 간판으로 필요하다.'

디자인은 아름답게 만들고 볼 일입니다. 답은 의외로 간단합니다. 디자인을 줄여야 합니다. 빼는 일은 다음 세 가지 원칙만 잘 지키면 됩니다.

첫째 원칙, 요소를 뺍니다. 디자인이 조악한 경우는 한꺼번에 많은 걸 보여주려는 욕심 때문입니다. 요리로 치자면 잡탕. 재료를 모두 넣으니까 잡탕이 되는 거죠. 김치찌개처럼 하나의 주재료를 익히면 문제는 해결됩니다.

둘째 원칙은 시선을 끌 만한 한 개에 '몰빵'합니다. 사람의 눈은 구름이나 새떼 같은 군락에서도 움직이는 것에 주목합니다. 또 정반대의 것이나 약간 어긋난 것에 눈길을 주지요. 지금부턴 얌전한 등장인물 옆에 말괄량이 배우 한 명만 투입하세요. 요소 중에 하나를 다르게 만드는 겁니다. 사람들은 '다름'에 주목하게 되니까요.

줄이기의 셋째 원칙, 전부 빼버리세요. 여백을 만드는 겁니다. 이해를 돕기 위해 간판 얘기를 잠깐 할게요. 우리나라의 거리는 실로 간판 공화국이죠. 상호를 돋보이게 하려고 크기는 자꾸만 커집니다. 크면 무조건 잘 보일까요? 아닙니다. 시각이 인지하는 건 크기만의 문제가 아니거든요. 한번 생각해보세요. 어른들 사이에 아기가 있으면 단번에 알아보잖아요. 간판도 같은 원리예요. 큰 글자들과 섞여 있다면 작게 만들어야 돋보입니다. 크기의 변화로 여백을 살려서 주목도를 높이는 거죠. 더불어 글자의 두께도 조절하세요. 글자는 두꺼울수록 눈에 들어오지 않아요. 특히 한글의 경우, 가는 획으로 쓴 글자가 더 잘 읽힙니다. 이 또한 여백 때문입니다.

아울러 제품에서도 예를 찾아보죠. 지금은 디자인도 직관이 대셉니다. 날개 없는 선풍기 '다이슨'이 인기몰이에 성공했지요. 날개에 먼지가 쌓이는 문제를 직관적인 디자인으로 풀었기 때문입니다. 이 제품에는 '디자인은 문제를 해결하는 것'이라는 제임스 다이슨 대표의 철학이 들어 있습니다.

디자인을 외형적인 치장으로만 해석하는 일은 좁은 시각입니다. 디자인의 어원은 라틴어 데시그라네designare로, '성취하다, 계획하다'는 뜻입니다. 즉 디자인이 문제를 풀어가야 합니다. 콘텐츠 또한 제품과 다르지 않습니다. 문제의 본질을 보고 문제를 해결하면 됩니다. 디자인은 기획한 것들이 사람들을 만나는 첫 관문입니다. 하나의 콘텐츠를 마음먹고 읽어보기까지 결정적인 역할은 디자인에 있습니다. 그러나 한꺼번에 보여주려고 하면 탈이 납니다. 호응을 얻고 싶다면, 선택받고 싶다면 빼세요. 디자인은 이것으로 충분합니다."

취향

좋은 것들은 좋은 이유가 있습니다.

——— "안목을 키우는 방법이 있을까요?"

——— "다들 취향 있으신가요? 취향의 사전적 의미는 '하고 싶은 마음이 쏠리는 방향'입니다. 세상에는 상대방이 말하지 않아도 드러나는 것들이 있습니다. 취향이 그 중 하나죠. 시계, 신발, 가방, 필기도구, 파우치 속 소품들이 그 사람을 말해줍니다. 자신만의 취향을 가져보길 권합니다.

무엇보다 취향은 내면을 성장시킬 때 필요합니다. 누구나 어느 시점, 슬럼프에 빠졌다거나 사춘기 또는 중년기에 접어들면 한 번쯤은 이런 생각을 합니다. '내가 왜 이걸 하고 있지, 내가 왜 살지'라는, 근본적인 물음 말입니다. 누구에게나 이런 '왜'가 생깁니다. 그때 외적인 것들 돈, 지위, 사람 관계에서 충족을 찾으면 허무해집니다. 자신보다 우월한 존재나 조건들이 더 많기 때문이지요. 여러분은 어떤가요? 저는 김훈 작가의 글, 라흐마니노프의 곡, 산책으로 자족합니다.

제 지인의 사례가 멋집니다. 그녀의 아들은 고교시절 한때 문제아였습니다. 그 시기 그녀가 아들을 위해 선택한 일은 등산이었어요. 1년 동안 아들과 산을 찾아다녔어요. 처음엔 거부하던 아들도 산을 오르면서 인생을 고민하는 사람으로 변하더랍니다. 지인에게 등산을 고집한 이유를 물었더니 이런 대답이 돌아왔어요.

'등산은 몸이 하는 노동이다. 내가 힘을 쓰지 않으면 올라갈 수도 내려갈 수도 없다. 스스로 땀 흘리는 수고는 인생을 배우는 최고의 경험이다. 최상의 것을 느끼고 나면 쓸모없는 것들을 가까이하지 않는다.'

좋은 안목은 고양된 것들에서 배울 수 있습니다. 평소 정제된 예술, 문학, 음악, 활동들을 가슴 안에 키우시길 바랍니다."

태도

세상에서 제일 어려운 존재는 사람이지요.

——— "일보다 사람이 힘들어요."

——— "누구나 남의 떡이 커 보입니다. 사람 마음이 원래 그래요. 음식점에서도 옆 사람 메뉴가 더 맛있어 보이고, 양도 내 것보다 많은 것 같잖아요. 취업만 하면 다 가진 줄 알았는데, 웬걸요. 그 기쁨도 잠시지요. 친구와 비교하게 되면서 자신에게 부족한 것들만 눈에 들어옵니다. '저 친구 연봉이 나보다 높다, 복지혜택이 훨씬 좋아' 이래저래 불만들이 쌓입니다. 그런데 이 모든 불만을 넘어서는 것이 바로 사람입니다. 한 프로그램에서 '직장인 스트레스의 가장 큰 원인'에 관한 통계자료를 보여주더

군요. 조사 대상의 절반이 인간관계를 꼽았습니다. 업무 스트레스나 야근보다 사람 때문에 힘들다는 얘깁니다.

비단 회사만의 문제는 아니죠. 세상을 사는 사람이면 누구나 하는 고민일 거예요. 집, 동아리, 학교, 동네 사람과 연결된 곳이면 어디든지. 그래서 태도가 중요해요. 사람과 생기는 모든 문제는 태도에서 시작되고, 태도에서 해결됩니다. 사람이나 상황을 대하는 자신의 태도에 해결책이 있습니다.

세상은 기대처럼 쉽게 바뀌지 않습니다. 선한 사람은 언제나 선하고, 센 사람은 언제나 셉니다. 상대방과 무언가 안 맞을 땐 그의 장점을 찾아보세요. '저 사람의 이런 점은 나보다 낫다'라는 마음으로 상대방을 보면 무조건 싫지만은 않을 거예요. 계속 안 맞을 거라고 단정하지 않는 태도가 중요합니다.

그렇게 어우러지려고 노력했는데도 안 된다면, 그땐 더 이상 애쓰지 마세요. 살아보니 모두 인연으로 이어지는 건 아니더라고요. 단, 명심할 점 하나! '간 보는' 태도는 안 됩니다. 그런 사람들이 있더라고요. 실리대로 태도를 바꾸는 사람. 이런 사람에겐 '내 편' 안 생깁니다. 그러니 사람 관계에 줄자 대는 거 절대 하지 말아요. 사족 하나를 붙이자면, 한 번쯤은 자신을 돌아보세요. 사람이 힘들다고 느낄 때 나를 살펴보면 답이 나오기도 하거든요. 때론 사람 관계에서 생기는 문제의 원인이 나에게 있기도 하니까요."

습관

세상에서 습관만큼 고치기 어렵고 포기하기 쉬운 것도 없습니다.

________ "습관을 고치기가 쉽지 않아요."

________ "습관, 참 무섭죠. 이유는 습관이 변화를 거부하기 때문입니다. 이를 관성의 법칙에 비유하기도 하지요. 모든 물체는 가만히 두면 그 상태를 유지하려고 합니다. 현재 상태를 바꾸려고 하지 않지요. 변화를 주지 않으면 그 어떤 변화도 일어나지 않아요. 변화없이 익숙한 것들은 편해요. 몸은 편한 상태를 유지하려고 합니다. 게다가 몸은 반복하는 행위들을 외웁니다. 습관을 가리켜 '제2의 천성'이라고 하는 이유가 여기에 있습니다.

습관을 바꾸려면 노력과 시간을 들여야 합니다. 오랜 기간 특정 동작을 반복한 운동선수들은 이 습관 때문에 웃고 웁니다. 더 나은 기록을 위해서 잘못된 습관으로 굳은 운동자세를 끊임없이 고치고 바꿉니다. 예컨대 어느 수영 선수는 출발 반응속도를 줄이기 위해서 입수 동작만 1년을 연습했다더군요. 한 야구선수는 투구 폼을 15도 고치는데 2년을 투자했다죠. 습관을 고치는 건 하루 이틀 만에 해결되지 않습니다. 몇 번 시도해서 안 된다고 포기하는 건 성급합니다. 일반적으로 3개월 정도 길들여진 습관을 고치려면 그 두 배의 시간이 필요하답니다.

반대로 습관의 속성을 잘 이용하면 긍정적인 효과를 노릴 수 있지요. 일단 습관이 몸에 배면 쉽사리 바뀌지 않으니까요. '세 살 버릇 여든 간다'잖아요. 어릴 때 일찍 일어나는 습관, 책 읽는 습관을 가르치려는 이유가 그래서겠지요. '공부의 신'이라 불리는 강성태 씨에 따르면, 몸에 습관이 붙는데 최소한 66일이 필요합니다. 습관 들일 무언가가 있다면 그동안 반복해보세요. 자각하면 변하게 되고, 변화하면 신나고, 신나면 오래가고, 오래하면 모두 습관이 됩니다."

시선

하늘 아래 더 이상 새로운 것은 없어요. 답은 새롭게 보려는 눈에 있답니다.

"새로운 자료를 어디서 찾으세요?"

"누구나 어떤 순간마다 찾게 되는 음식이 있습니다. 그 끼니의 용도가 허기를 메우기 위해서든, 영양을 보충하기 위해서든 꼭 먹어야 하는 무엇 말입니다. 저는 건강한 편입니다. 별 탈 없이 잘 살다가 1년에 딱 한 번 지독한 몸살을 겪습니다. 한 해 동안 쌓인 피로가 한꺼번에 파동을 치는 모양이에요. 몸무게가 빠질 만큼 이삼 일을 앓다가 일어나는 날이면 이상하게도 누룽지죽이 생각납니다. 찾는 음식이 좀 심심한가요? 싱겁게 들리시겠지만 저는 이걸 먹어야만 말짱해졌다는 기분이 들어요. 이런 연례 때문에 집 냉장고엔 누룽지 통이 항상 있어요.

살다보면 생각나는 먹거리가 있죠. 그 음식들은 대부분 특별한 것들이 아닙니다. 사람들이 말하는 '소울푸드'의 목록만 봐도, 진기한 음식과는 거리가 멀잖아요. 보글보글 소리부터 맛있는 강된장찌개, 입맛 없을 때 단골 메뉴인 간장계란밥, 한 솥 푹 고은 미역국처럼 각자가 기억하는 소울푸드는 평범합니다. 요란한 재료나 기술이 아니라 익숙한 것들이에요. 익숙한 음식에는 끌림이 있습니다. 무언가 새로운 것을 찾고 있다면 익숙한 것들을 다르게 보려고 노력하세요.

〈스모크〉라는 영화에 인상적인 장면이 있어요. '오기'라는 한 남자는 뉴욕 모퉁이에서 작은 가게를 운영합니다. 그는 14년 동안 매일 아침 여덟 시에 사진을 찍어요. 같은 장소에 카메라를 세워두고, 자신의 가게 앞 풍경을 촬영합니다. 그렇게 모은 사진이 무려 4,000장이나 되죠. 오기는 비가 오나, 눈이 오나 매일 휴가 떠나는 기분으로 같은 시간, 같은 장소를 찍습니다. 가게 단골손님인 소설가 폴이 '모두 같은 사진'이라고 말하자, 그는 이렇게 대답합니다.

'똑같아 보이지만 한 장 한 장 다 달라. 밝은 날 오전, 어두운 날 오전, 여름 햇볕, 가을 햇볕, 주말, 주중, 겨울 코트를 입은 사람, 셔츠에 짧은 바지를 입은 사람, 때론 같은 사람, 때론 전혀 다른 사람, 다른 사람이 같아질 때도 있고, 똑같은 사람이 사라지기도 해. 지구는 태양 주위를 돌고 있고, 햇볕은 매일 다른 각도로 지구를 비추고 있으니까.'

학교에서 심리상담사로 일하는 친구가 언젠가 이런 말을 하더군요. 아이를 대할 땐 강아지가 주인 반기듯이 맞이하라고요. 강아지들은 매일 보는 주인을 마치 오랫동안 못 본 것처럼 환대하잖아요. 그들은 새롭게, 애틋하게 만날 줄 알아요. 산책을 해봐도 반려견의 반응은 놀랍잖아요. 어제 왔던 길인데도 있는 힘껏 누립니다. 늘 탐구심이 치솟아요. 같은 길을 다르게 즐길 줄 아는 거죠.

색안경을 끼고 세상을 보면 지루할 뿐입니다. 익숙한 것은 재미없다는 편견 때문이지요. 편견이 있으면 똑같은 색깔로 보게 되고, 흥미가 생기지 않아요. 새로운 것은 새롭게 보려고 할 때만 보입니다. 맨눈으로 세상을 보세요. 당장 익숙한 것들도 새로워질 겁니다."

숫자

같은 말도 숫자로 하면 다른 말이 됩니다.

———— "말을 잘하고 싶은데 어떻게 해야 할까요?"

———— "일명 '말발 좀 센 사람'이 되고 싶은 분들은 숫자를 공부하세요. 흔히 '숫자에 약하다'는 말이 '계산하지 않는다'는 의미로 쓰이지요. 잇속을 따지지 않는 사람을 표현하는 말로요. 그런데 다른 각도로 생각해보면 숫자에 약한 사람이란 말은 약점이 될 수 있습니다. '정확하지 않다'는 뜻이기도 하니까요. 저는 토론 프로그램을 자주 보는데요, 이걸 예로 얘기해보죠. 주제에 관해 조사하고, 분석한 전문가는 신뢰를 얻습니다. 패널들을 보면 구체적인 수치를 제시하는 사람과 그렇지 못한 사람으

로 나뉘어요. 말 한마디를 해도 정확한 통계와 수치를 거론하는 패널이 있지요. 토론에서 상대방을 제압하는 출연자의 공통점은 숫자로 공략한다는 겁니다. '조금', '많이', '비교적'을 쓰는 패널과 구체적인 숫자를 꺼내놓는 패널이 논쟁한다면, 사람들은 누구의 주장을 믿을까요?

숫자는 신뢰뿐만 아니라 재미도 줍니다. 호기심을 자극하지요. 기자들은 보세요. 정보를 숫자로 서술하잖아요. 정치인들은 숫자를 호도하고요. 숫자에 빠지는 대중의 심리를 알기 때문입니다. 대표 숫자가 천 마디 말보다 낫다는 사실, 말 잘하는 손석희 앵커의 수상소감을 사례로 들어볼게요. "이 상의 33퍼센트는 제작진께 드리겠습니다. 또 33퍼센트는 저와 인터뷰하느라 고생했던 인터뷰이들에게, 33퍼센트는 청취자들에게 보내겠습니다. 그리고 나머지 1퍼센트는 저와 가족들이 가져가겠습니다."

어떤가요. 감사하다는 표현을 이보다 더 세련되게 할 수 있을까요? 이밖에 숫자 하면 떠오는 곳, 홈쇼핑 채널이지요. 항상 '마감 임박! 남은 수량 10개'라는 메시지가 깜빡이잖아요. 숫자를 한정시킴으로써 희소성을 높이는 전략입니다. 다 팔리기 전에 주문하자며 스마트폰을 들게 되잖아요. 여러분도 숫자와 친해져 보세요. 말의 효과가 달라집니다."

희망

어느 지방학교의 종강일. 졸업을 앞둔 4학년들의 마무리 수업이었습니다.

“세상이 우리에게 왜 꿈이 없냐고 비난해요. 꿈을 꿀 수 없는 현실인데, 꿈을 꾸라고 강요하는 사회가 야속합니다.”

“저는 김훈 작가를 좋아해요. 소설《칼의 노래》에 관한 인터뷰를 읽었는데, 이런 말이 있더군요. ‘희망 없이도 잘사는 인간의 모습을 그리고 싶었다.’ 그렇죠, 희망이 있어야만 살아지는 건 아니니까요. 아기들의 대통령이라는 ‘뽀로로’ 아시죠. 뽀로로 친구 중에 ‘해리’라는 캐릭터가 있어요. 그 모티브가 벌새라는군요. 벌처럼 작고 꽃의 꿀을 먹고 살아서 벌새라고 부른대요. 날갯짓 속도가 1초에 50~80회나 된다지요. 대부분의 새들은 비행할 '파닥파닥'이나 '푸두둑' 소리가 나잖아요. 벌새는 너무 빨라서 '부우웅'처럼 들린다고 하네요. 벌이나 휘파람 소리를 닮아서 영어로는 '허밍버드Hummingbird'로 부릅니다. 벌새는 시속 90~100킬로미터 속도로 날아다닙니다만, 유체역학상 비행이 불가능한 구조랍니다. 그런데도 벌새는 다른 새보다 더 빠르게 납니다.

세상에는 아닌 걸 알면서도, 안 되는 줄 알면서도 해야 하는 경우가 많아요. 여러분이 만약 어떤 일을 하지 않기로 정했다면, 못할 이유만 떠오를 겁니다. 부정적인 사고가 그래서 해로운 거예요. 반대로 하겠다고 각오했다면, 무조건 하려고 듭니다. 무언가를 시작할 때 희망이 보여야만, 조건이 충분해야만 할 수 있는 건 아닙니다. 당장 답이 안 보여도 살아가야죠. 막상 닥치면 다 하게 되는 게 사람이고, 또 살아지는 게 삶이거든요. 현실 그대로를 받아들이세요. 그리고 현재에 집중하세요. 그러면 기회가 와요. 중요한 건 기회가 왔을 때 자신의 상황이죠. 아무것도 하고 있지 않으면 행운이 온들 달라지겠습니까? 아무것도 하지 않으면 아무 일도 일어나지 않아요.

세상이 불공평하다고요? 그래요, 세상은 불공평합니다. '각자가 사는 만큼의 세상을 차지하는 것.' 이 공식은 불공평한 세상이 여러분에게 주는 공평의 정의입니다. 멈추지 말고, 움직이세요. 밥 든든히 챙겨먹고, 무엇이든 하세요. 실수도 많이 하세요. 실수해보면 하지 말아야 할 것과 해도 되는 것도 배우게 되잖아요. 정신 바짝 다잡고 독하게 버티시길 바랍니다."

내 심장,

딸에게

처음 쓴 원고를 초고[草稿]라고 해.

아직 다듬지 않은 원고를 가리키지.

처음부터 잘 쓴 글은 없단다.

다시 고치고 다시 쓰다보면 글이 완성되는 거란다.

일상은 인생의 초고와 같다.

매일 다듬고 다듬어서 더 나은 인생을 만드는 거야.

살아보니 산다는 건 매 순간의 선택이더구나.

그러니 잘 결정해야겠지.

무언가를 정해야 할 땐 스스로에게 한 가지만 질문하렴.

'나는 큰 그림을 보고 있는가?'

늘 더 큰 맥락에서 생각하길 바란다.

예를 들어 책상을 사더라도 방 안에 둘지, 다른 어딘가에 놓을지를 미리 그려봐.

너와 주변 맥락을 연결하면

그 안에 있는 제약과 기회가 명확해진다.

그러면 네가 해야 하는 일이 보이겠지?

하고 싶은 일이 아니라, '해야 하는 일'이다.

그것을 선택하면 된단다.

그런 다음, 디테일에 온 정성을 쏟아.

작은 일들을 실천하고 실천해 나아가다보면,

큰 그림에 도착한 너를 만날 거란다.

초고가 글이 되듯이 말이야.

어여쁜 딸, 너의 인생을 한바탕 잘 누리길 바란다.

사랑한다.

기획은

나의 일상을

둘러보는 것에서

시작된다